살려주식시오

살려 주식 시오

박종석 지음

위즈덤하우스

차례

들어가며 심리전문가라고 믿었던 나마저 당했다 • 009

PART 1 투자에 실패할 수밖에 없는 멘탈

정신과 의사는 욕망을 조절할 수 있을까? • 017
일반인의 멘탈과 투자자의 멘탈은 다르다 • 024
투자를 잘하고 싶다면 공감 능력부터 키워라 • 030
내가 주식에 실패했던 이유 • 035
코스피 1400, 하늘이 주신 기회 • 040
투자에도 자존감이 필요하다 • 045
유동성 장세, 누군가에겐 지옥, 누군가에겐 천국 • 049
초보자들은 알 수 없는 부자들의 투자 방법 다섯 가지 • 054
투자에 적합한 MBTI? • 058
TIP MBTI 유형에 맞는 투자 방법 • 063

PART 2　멘탈을 이기는 투자

어허, 주가가 요동친다고 내 삶까지 요동치면 되겠는가?	• 073
도파민형 투자자 vs. 세로토닌형 투자자	• 080
욕망을 다스리는 뇌로 거듭나는 법	• 087
자책과 되새김질	• 093
투자자들이 겪는 인지적 오류 열 가지	• 097
공황장애에 걸린 투자자	• 107
강박증에 빠진 사람이 주식을 한다면	• 112
쉬는 것도 투자다	• 117
TIP 주식투자에도 번아웃이 있다!	**• 121**

PART 3　실패를 통해 배우는 투자 교훈

인간은 같은 실수를 반복한다	• 125
인간은 정말로 같은 실수를 반복한다	• 129
나쁜 결과를 뻔히 알면서도	• 144
주식에도 방어기전이 존재한다	• 148
TIP 문과생과 이과생, 누가 더 투자를 잘할까?	**• 156**

PART 4　초보는 심리를 따르고 고수는 데이터를 따른다

- 내가 하는 것이 투자인가 도박인가 · 163
- 왜 내가 사면 주식이 떨어지는가! · 168
- PBR, PER? 그게 뭔데! · 173
- 재무제표에서 이것만은 꼭 확인하라 · 177
- **TIP 투자 전 꼭 확인해야 할 다섯 가지** · 183

PART 5　심리를 내 편으로 만들자 수익이 늘었다

- 3분 전에 산 주식이 갑자기 폭락한다면 · 193
- 내가 판 주식이 1시간 후 폭등했을 때 · 200
- 성격은 바뀔 수 있는가 · 204
- 자기 객관화, 인지 치료의 시작 · 208
- 우리는 생각보다 게으르다 · 213
- 투자에 성공하는 습관 만들기 · 217
- 주식투자는 동업자를 고를 때처럼 신중해야 한다 · 223
- 부자 되는 비법, 나의 재무상태표 작성하기 · 227

투자 회복탄력성을 기르는 법 • 232
중장기 투자자로서의 전환 • 238

TIP 존버에도 방법이 있다 • 242

PART 6 수익률을 끌어올리는 아홉 가지 투자 원칙

팔고 나서 올라도 절대 후회하지 않는다 • 247
차트에서 꼭 확인해야 할 세 가지 • 255
일반인도 가능한 리스크 분석 • 260
달러, 금, 안전자산과 주식의 비중 • 264
예금, 채권, 부동산, 주식에 투자할 타이밍 • 269
손절에 능해야 고수가 된다 • 274
폭락장의 공포에서 나를 지키는 법 • 279
확증 편견과 자기 과신으로부터 벗어나기 • 283
주식 중독을 치료하는 다섯 단계 • 290

TIP 자가진단 테스트, 주식 중독인지 알아보자! • 296

나가며 투자에 실패했을 때
더 망한 사람의 이야기를 들어보자 • 300

● 들어가며

심리전문가라고 믿었던 나마저 당했다

내가 처음 주식을 시작한 것은 2011년 여름이었다. 전문의가 되어 드디어 월급다운 월급이 손에 들어와 의대 6년, 대학원 2년을 다니느라 생긴 마이너스 통장을 이제야 다 갚은 터였다. 인생 처음으로 통장 잔고가 2,000만 원이 되자 재테크라는 것에 관심이 생기기 시작했다. 집 앞에 있는 우리은행과 미래에셋증권을 몇 번 들락거린 후, 2,000만 원으로 할 수 있는 가장 매력적인 재테크는 주식과 적립식 펀드라고 결론을 내렸다. 서른 살의 나는 아무것도 모르는 초보였지만, 몇 가지 주워들은 원칙이 있었다.

- 코스닥 주식은 위험하니 피할 것
- 가치성장형 종목과 안정형 종목에 분산투자할 것
- 삼성과 관련된 주식 한두 개는 살 것

정보 제공자는 물론 비전문가들이었다. 주식으로 1억 원을 손해봤다는 의대 선배, 도곡동 타워팰리스에 사는 우리 큰 이모, LG전자에 다니는 고등학교 동창이었다. 격렬한 토론과 긴 시간의 조언을 정리한 끝에 송원산업과 삼성정밀화학(현 롯데정밀화학)에 각각 500만 원씩 투자했고, 삼성그룹 적립식펀드에 매달 300만 원씩 넣기로 했다.

한 달 후, 나는 9% 정도의 수익을 냈고 주식을 전부 매도한 뒤 벽제갈비를 사 먹었다. 정말 달콤한 맛이었다. 물론 월급으로도 충분히 소고기를 사먹을 수 있었지만 불로소득으로 누리는 사치는 강렬한 자극과 배덕감을 제공했다. 그 후 작은 성공이 이어졌다. 안랩을 1,000만 원어치 정도 사서 7% 수익을 보았고, 삼성전자가 많이 빠지면 조금씩 매집해 평단을 낮춘 후 8~10% 정도 이익을 보면 매도하는 방식으로 '절대 잃지 않는 투자'를 했다. 워런 버핏의 책을 읽기도 전에 이것을 터득했다는 자부심에 취해 있던 시절이었다. 스스로 주식투자에 소질이 있다고 생각했다.

게다가 2011년 8월 말, 70만 원까지 떨어졌던 삼성전자 주가가 갤럭시S2의 엄청난 성공으로 5개월 만에 110만 원까지 올랐다. 나는 이때 꽤 많은 돈을 투자했고 50%의 수익률로 간덩이가 부은 상태였다.

한 달에 50만 원, 100만 원 정도 투자수익이 누적되자 나는 생각했다.
'주식, 별로 어렵지 않은데?'
'나는 투자의 귀재다!'
'1,000만 원이 아니라 1억 원을 넣었으면 한 달에 500만 원, 1,000만 원씩 수익을 봤을 텐데.'
아무리 10년 전이었지만 어쩜 저렇게 철이 없었을까. 금융문맹은 심각한 질병임을 다시금 깨닫는다. 변명해보자면 당시 나의 문제는 이러했다.

- 너무 젊었다는 것. 인생에서 실패나 탈락을 단 한 번도 경험해보지 않음
- 책임져야 할 아내와 자식이 없었음
- 서른한 살에게는 과한 돈(세후 1,100만 원)을 벌고 있었음

이 모든 것의 시너지는 내게 지나친 자신감과 저돌성을 부여했고, 나는 장밋빛 미래를 한치도 의심하지 않았기에 세상 두려울 것이 없었다. 전문의 자격증과 스펙들이 최소한 1억 5,000만 원 이상의 연봉을 보장해줄 것이고, 앞으로 10년이면 월급만 모아도 최소 10억 원은 저축할 수 있다고 생각했다. 실패하면 언제든 다시 도전하면 그뿐이었다. '서른한 살에 무서울 게 뭐가 있는가'라는 치명적인 방심. 막말로 주식으로 1억 원쯤 날린다고 해도 '뭐 좋은 경험했네' 하고 툭툭 털

고 일어날 수 있을 만큼 당시의 나는 간이 부어 있었다.

영화 〈인터스텔라〉처럼 평행 세계가 존재한다면, 당시의 나에게 "정신차려, 제발"이라고 외치고 싶다. 아니, 뺨을 때린 후 5년 후 겪을 주식 지옥의 뜨거운 불 맛에 대해 경고해주고 싶다. 하지만 어찌하겠는가? 주식을 하면 누구나 이런 과정을 겪기 마련이다.

최소 1,000만 원 이상의 큰 손해를 보고 나서야 재무제표를 읽어볼 생각을 하고, PER이 뭔지 PBR은 무슨 소리인지 관심을 갖는다. 본업과 일상만으로도 24시간이 부족한데 공부할 시간이 어디 있겠는가. 무엇보다 인간의 욕망과 게으름이 그렇게 놔두지 않는다. 무조건 선투자 후자책이다. 정신이 들고나면 아무 규칙도, 전문성도 없이 도박처럼 주식에 투자하는 자신을 만나게 될 것이다. 나 또한 마찬가지였다.

유감스럽게도 우리는 게으르다. 영어 공부나 운동을 수십 년째 새해 목표로 다짐하지만 실천하지 않는 것처럼, 회계나 주식 이론에 대해 전혀 공부하지 않은 채 소중한 월급을 몽땅 주식에 넣어버린다. 믿기 힘든 사실이지만 영업이익과 순이익의 차이도 모른 채 투자에 임하는 주린이들이 너무도 많다.

물론 일반인인 우리가 볼린저 밴드나 MACD 같은 보조지표까지 통달할 필요는 없다. 하지만 최소한 15일선, 30일선 같은 이평선이나 추세와 흐름을 읽을 수 있는 기초 지식은 필요하다.

2021년, 주식투자는 옵션이 아닌 필수가 되었다. 이제는 일하는 인간이 아닌 투자하는 인간, 즉 호모 인베스투스의 시대다. 당신이 누구이건 어떤 직업을 갖고 있건 상관없다. 흙수저부터 다이아몬드수저까지, 연봉이 2,000만 원인 최저 임금대상자이건 연봉이 200억 원인 축구스타 손흥민이건 관계없이 주식투자를 해야만 하루라도 빨리 경제적 자유를 누릴 수 있다.

어쩌면 이 책은 나의 부끄러운 실패의 기록이다. 2011년부터 지금까지 10년 동안 시행착오들을 꾸준히 반복하고 있으며 때로는 같은 실수를 거듭하고 깊은 자책감에 몸서리치기도 했다. 그래도 나는 여전히 주식투자를 하고 있다. 서른 살의 미숙한 청년이 어느덧 마흔 살 아저씨가 되는 동안 인생의 희로애락, 천국과 지옥을 오가며 주식투자로 경험한 모든 것들이 내 뉴런과 DNA에 저장되었다. 그 경험들이 나의 정서와 감정은 물론이고 일상과 대인관계, 성격에까지 영향을 미친다는 것을 깨달았다. 투자방식과 태도가 나의 인간적인 성숙과 발전에까지 영향을 줄 수 있다는 사실을 통감했기 때문이다.

절대로 잃지 않는 주식 전략 따위는 그 어디에도 없다. 자신을 완벽히 통제하고 다스릴 수 있는 사람 역시 존재하지 않는다. 하지만 이 책을 권하고 추천한다. 나와 수많은 주식 중독자, 월요병에 시달리며 출근하는 보통 사람들의 사연 속에서 여러분의 모습을 발견할 수 있을 것이며 깊게 공감할 수 있을 것이다.

주식은 우리의 삶 가까이에 있다. 회사, 식당, 친구들과의 단톡방에 녹아 있다. 누구나 경험했을 쓰라린 기억과 전두엽에 도파민이 넘쳤던 자극, 보상회로의 강렬한 쾌감, 우울증과 공황 등 수많은 감정을 회상하며 미러링을 할 것이다.

　이 책을 읽는다면, 적어도 예전의 나보다는 현명한 투자자가 되리라 확신한다. 당신의 모든 실패와 도전을 응원한다.

PART 1

투자에 실패할 수밖에 없는 멘탈

정신과 의사는 욕망을 조절할 수 있을까?

- 나는 정신과 의사이니까 자기관리를 더 잘할 수 있을 거야.
- 욕망을 절제하고 인내하는 법을 아니까 주식에 과도하게 빠지지 않을 거야.

이런 선입견과 아집에 빠지지만 않았어도, 더 빨리 정신차렸을 텐데…. 차라리 정신과 의사라는 자만심과 착각이 없었다면 손실액이 그렇게까지 크지는 않았을 것이다.

2011년 12월 15일, 나는 당시의 전 재산인 5,000만 원과 마이너스 통장으로 빌린 3,000만 원, 총 8,000만 원을 주식투자에 올인한다. 현대차, 대한항공, SK이노베이션. 나름 각 종목의 대장주를 골라서 투자했다. 대출까지 끌어다 쓴 전 재산을 올인하면서도 단 1분도 공부하지 않았다. 시초가, 시외 매수, 지정가 매매, 예약 매매 같은 매수 방식조차 몰랐다. 고작 세 종목에 투자하면서 그래도 분산투자를 했다며 뿌듯해했다.

게으른 바보에게 시장은 냉정했다. 바로 다음 날, 코스피가 30포인트 폭락했다. 그리고 그 다음 날 토요일인 12월 17일, 김정일이 사망했다. 이틀 뒤 월요일엔 코스피가 1730 정도까지 떨어졌다. 내 주식 계좌는 2거래일 만에 -17%를 찍었다. 이틀 만에 1,200만 원 이상을 날린 셈이었다.

매도 주문을 클릭하기도 힘들 정도로 주가가 무섭게 떨어졌고, 손이 덜덜 떨리고 숨이 제대로 쉬어지지 않았다. 마치 운명처럼 패닉셀링을 했고, 문제는 그 후였다. 정확히 내가 판 직후부터 주가가 반등한 것이다. 3일 만에 주가는 1850까지 폭등했다. 만약 눈 딱 감고 며칠만 주식 창을 들여다보지 않았다면 1,200만 원을 날리기는커녕 400~500만 원 정도의 수익을 봤을 터였다.

나는 자책하기 시작했다. 아니, 정확히 말하자면 내 탓이 아니라 신을 탓하고 있었다. 1,200만 원을 날린 것은 초등학생만도 못한 투자 방식과 무지함 때문이었다. 그런데도 이번 실패는 내 탓이 아니라 글로벌 이슈 때문이라며 김정일을 너무 빨리 데려간 신에게 책임을 전가했다. 12월 22일, 나는 주식 계좌의 남은 돈 6,800만 원을 SK이노베이션 한 종목에 몽땅 넣었다. 이성은 이미 마비되었고 대뇌피질은 욕망으로 물든 상태였다. 나는 병원에서 수많은 도박 중독 환자들을 치료해본 전문가였고, 중독의 기전과 치료법에 대해 정확히 알고 있었지만, 정작 나 자신에게는 한없이 관대했다. 도박이나 다름없는 투자를 하면서도 이를 전혀 알아차리지 못한 것이다.

다음 날 SK 최재원 부회장에게 구속영장이 청구되었다. 주가는 신나게 떨어졌다. 손절은 엄두도 내지 못한 채 돈이 흘러내렸다. 강제적으로 장기 투자를 하게 되었고, 1년이 지나 2013년 1월, 이번엔 최태원 회장이 구속되었다. 역시 이번에도 신을 강렬히 원망했다.

주당 19만 원에 산 SK이노베이션은 어느덧 8만 원이 되었다. 주가가 7만 원이 되었을 때 나는 상장폐지가 될지도 모른다는 두려움에 빠졌다. 8,000만 원으로 시작한 주식 계좌가 2,500만 원이 되었을 때 '다시 주식투자를 하면 손목을 자르겠다'는 결심을 하고 모든 주식을 매도했다. 그리고 주식 계좌를 해지했다. 인생을 다시 시작하자는 마음으로 미국 여행을 떠났다. 그랜드 캐니언에서 헬기 투어를 하면서 대자연의 위대함을 눈으로 마주하니 '돈이 다 무슨 소용인가' 하는 생각이 들었다. 욕망에 휘둘렸던 마음을 반성하니 불안과 초조감이 잠잠해지고 인생의 큰 깨달음을 얻은 것만 같았다. 성실한 의사로 돌아가리라, 본업에만 몰두하리라 다짐했다. 다시 한국에 돌아와 서울대병원에서 3개월 정도를 정신없이 일하고 있을 때쯤 최태원 회장이 석방된다는 소식이 들려왔다. 고요했던 마음에 분노가 몰아쳤다.

주당 7만 원에 손절했던 SK이노베이션 주가는 13만 원으로 폭등했다. 마음의 평화고 나발이고 도저히 멘탈을 바로잡을 수가 없었다. 착하게 살아온 나에게, 매주 5만 원씩 감사헌금을 했던 나에게, 하느님이 너무하시다는 생각이 들었다. 그러나 이 생각들은 대표적인 정서적 추론과 투사의 오류다. 착한 것과 투자의 성공은 아무런 인과관계가 없고, 매도 타이밍을 잘못 잡은 것은 순전히 내 탓이었다.

당시 내 펠로우 월급은 350만 원 정도였는데 도저히 월급으로 보전할 수 있는 손실이 아니었다. 2015년 9월, 자책과 욕망에 이성을 잃은 나는 다시 주식투자를 시작한다. 분명 다시 하면 손목을 자르겠다고 했는데, 정신과 의사의 멘탈이 이리도 나약할 줄이야. 2011년부터 4년 동안 모아온 적금과 정기예금 2억 원을 모두 해지하고, 서울대병원 앞 우리은행에서 의사 면허증을 맡기고 마이너스 통장 1억 원을 빌렸다. 총 3억 원 중 1억 원은 삼성메디슨, 1억 원은 대한항공, 1억 원은 씨티씨바이오라는 회사에 투자했다. 뜬금없이 씨티씨바이오에 투자한 것은 제약회사 직원에게 전해들은 찌라시 때문이었다. 어디에 있는지, 어떤 제품을 생산하는지도 모르는 회사에 1억 원을 투자하다니! 삼성메디슨은 심지어 장외주식으로 언젠가 삼성SDS나 제일모직처럼 상장하면 최소 다섯 배는 벌 수 있을 거라는, 초등학생도 하지 않을 법한 마술적 사고에 기인한 것이었다. 삼성메디슨은 초음파 의료기기 회사였는데 매수 당시에는 이 사실조차 몰랐었다. '이름에 삼성이 붙어 있으니 오르겠지'라는 말도 안 되는 생각을 서울대병원 정신과 의사가 하고 있었다.

처음엔 좋았다. 씨티씨바이오는 10% 넘게 올랐고, 전체 수익 역시 3,000만 원을 넘겼다. 이때 멈췄어야 했는데 그러지 못했다. 3,000만 원이나 되는 큰돈을 벌고도 익절을 못한 이유는 두 가지였다.

- SK이노베이션으로 날린 5,500만 원의 손실을 만회해야 한다.
- 고작 10% 먹으려고 3억 원을 올인했냐? 최소 1억 원은 불려야지!

자책과 망상에 빠진 나는 마치 술에 취한 사람처럼 판단력을 잃어가고 있었고, 심지어 3억 원이나 되는 거액을 투자하고도 PBR, PER은커녕 예약매수, 분할매도의 개념소차 공부하지 않았다. 그저 '이번엔 잘될 거야'라고 생각하며 희망회로를 돌리고 있었다. 2015년 11월부터 내 주식은 신나게 떨어졌다. -30%, 두 달 만에 9,000만 원이 날아갔다. 나는 이때 2011년과 2014년의 실패를 떠올렸다. 인간의 뇌는 불안이 극도로 심해지면 편도체가 위험하다는 응급 신호를 몸 전체에 보내는데, 이때 인간에게는 두 가지 선택지가 주어진다.

- 뒤늦게나마 정신을 차리고 이성적인 판단을 한다(=손절).
- 중뇌의 흑색질에 위치한 보상회로가 자극되어 더 중독에 빠진다(=물타기, 홀딩).

불행히도 나는 2번을 선택했다. 불안이 주는 시그널, 위험 신호를 무시하고 될 대로 되라는 식으로 회피한 것이다. 욕망에 취한 뇌는 행동의 근거를 합리적 사고가 아니라 왜곡된 인지 오류에서 찾는다. 임의적 추론과 과잉 일반화의 사고, '예전에 그랬으니 이번에도 그럴 거야'라고 생각하는 것이다.

나는 SK이노베이션을 일찍 팔았다가 후회했던 과거를 떠올리며 결심한다. "그래, 버티자. 결국 주가는 언젠가 회복할 수밖에 없어." 아주 틀린 생각은 아니다. 문제는 씨티씨바이오와 삼성메디슨이 SK이노베이션 같은 우량주가 아니라는 사실이었다.

2016년 1월, 내 주식은 반토막이 났다. 1억 5,000만 원이 날아간 것이다. 심지어 그중 1억 원은 마이너스 통장이었다. 은행 대출 이자를 고려하면 서른다섯 살 내 전 재산은 이제 4,000만 원이 되었다. 월급이 짠 서울대병원에서 더는 일할 수 없었다. 그래서 나는 월급을 많이 주는 전주의 마음사랑병원으로 옮겨 일하게 된다. 전주로 내려가서는 주식 창을 들여다보지 않았을까? 천만에 말씀. 2016년 2월부터 본격적인 주식 중독자의 삶이 시작되었다.

병원 일, 환자 상담은 뒷전이었다. 매일 오전 9시부터 오후 3시까지는 병원장 혹은 이사장이 뭐라고 하던 스마트폰을 눈에서 떼지 않았다. 당시 월급은 무척 후해서 1,200만 원 정도였는데 고스란히 주식에 투자했다. 선물옵션, 레버리지, 급등주 따라잡기… 안 해본 게 없었다.

2016년 12월, 트럼프가 대선에 승리했을 때쯤 내 주식 계좌는 8,400

만 원으로 -79% 상태였다. 3억 원으로 시작한 계좌에 전주에서 매달 월급을 1,000만 원씩 10개월 부었으니 4억 원이 되어 있어야 본전인데 말이다. 나는 이미 정상적인 생활을 하기 어려운 상태였다. 그 당시 나는 주식에 빠진 의사, 우울증에 걸린 의사로 병원에서도 유명했고 동료들에게도 믿음을 주지 못했다. 결국 나는 이사장으로부터 해고통지를 받았다.

서른여섯 살의 노총각, 흙수저 의사, 평생 고생해서 모은 돈을 주식으로 날린 바보. 이게 나였다. 자존감이 바닥으로 떨어진 나는 카카오톡을 탈퇴하고 가족, 친구와의 연락을 모두 차단했다. 마포대교나 한강이라도 갔어야 했나 싶지만, 나에겐 여전히 생활비를 드려야 하는 부모님이 계셨다. 구인사이트에 들어가 당시 월급을 가장 많이 주는 병원을 검색했고 아무런 희망도 의욕도 없이 안동으로 내려갔다. 나는 도저히 부정할 수 없을 만큼, 철저히 실패한 것이다.

일반인의 멘탈과
투자자의 멘탈은 다르다

2011년 전문의가 되어서 처음 월급 통장에 찍힌 돈 1,100만 원을 보고 나는 생각했다. '이 큰돈을 다 쓸 수 있을까?' 치킨이나 피자를 매일 시켜 먹고, 한끼에 1인당 20만 원이나 하는 식당을 가끔 갈 수 있게 되었다. 나의 오랜 로망이었던 보테가베네타 지갑과 몽블랑 시계를 사고 나니 세상 행복했고, 더 가지고 싶은 것조차 없었다.

한 달에 200만 원 정도를 생활비로 쓰고 900만 원씩을 저축한다고 생각하면 매년 1억 800만 원, 10년이면 원금이 10억 8,000만 원이다. 당시 적금 금리가 4% 정도였으니 10년이면 이자가 1억 8,400만 원 정도(매년 만기 단리로 생각했을 때)니까 이것만 모아도 12억 6,000만 원 아닌가. '이보다 더 큰돈이 필요할까?' 하는 생각이 들었다. 2011년 당시에 12억 원은 도저히 다 쓰지 못할 돈인 것만 같았다.

  대학교 동아리 후배가 재테크를 어떻게 하고 있냐고 내게 물었을 때 나는 굳이 위험을 부담할 필요나 목적을 못 느낀다고 답했다. 저 정도면 충분하지 않냐고. 서울에서 나고 자란 후배는 당시 우리은행을 다니고 있었는데, 정색하며 내게 말했다. "절대 그렇지 않아."

- 금리가 향후 1%까지 떨어질 수 있다. 예금, 적금이 의미 없는 세상이 올지도 모른다.
- 돈의 가치가 떨어지기 시작하면 10억 원으로 부자는커녕 중신층도 되기 힘들 수도 있다.
- 집값이 폭등하면 강남 아파트 값은 30억 원도 넘을 것이다.
- 의사 월급이 떨어지지 않으리라는 보장이 없다. 대비책을 세워야 한다.
- 리먼 브라더스 사태처럼 글로벌 경제 위기가 다시 발생할 수도 있다.
- 결혼하고 나이가 들면 한 달에 200만 원은 생활비로 부족할 수도 있다. 돈은 쓰기 나름이다. 경우에 따라 한 달에 생활비 1,000만 원도 부족할 수 있다.

난 그의 말에 하나도 공감할 수 없었다.

❶ 금리가 1%까지 떨어진다고? 지금 3~4%인데? 에이 말이 되는 소리를 해!
❷ 10억 원이 중산층이라고? 그럼 대체 얼마를 벌어야 해?
❸ 서울에 널린 게 아파트인데, 30억 원이면 그 아파트엔 누가 들어가 사냐?
❹ 네 월급이나 걱정해.
❺ 리먼 브라더스가 뭔데?
❻ 내가 재벌도 아니고 한 달에 생활비 1,000만 원을 어디다 써?

특히 6번이 도저히 이해가 가지 않아 반론을 펼치니 그는 단호하게 말했다. "결혼해서 아이 두 명을 낳는다고 가정하고 4인 가족이면 최소한 35평 아파트는 필요하니 아파트 대출금, 아이들 학원비, 영어 유치원, 가사 도우미, 보험금에 연금저축, 부모님과 장인 장모님 의료비, 아, 그리고 애들이 피겨 스케이팅 배우고 싶다면 어쩔 건데요?" 나는 입이 떡 벌어졌다.

"아무리 그래도 아파트가 30억 원 하는 건 말이 안 되지 않아?"
"형, 서울에서 계속 사실 거죠?"
"응, 그치."

"형이 선택할 수 있다면 압구정 사실래요? 불광동 사실래요?"

"압구정."

"압구정에 아파트 지을 곳은 더 없는데 사람들은 다 압구정 현대 아파트 살고 싶어 하니까 언젠가는 30억 원이 넘을 수밖에 없죠."

"그럼 대체 집 없는 사람들은 앞으로 어떻게 아파트를 사냐? 다들 수천만 원 버냐?"

"누가 아파트를 자기 돈으로 사요. 갭투자나 분양받거나 아님 다 대출로 사는 거죠."

"빚을 몇 억이나 진다고? 무서워서 어떻게 살아?"

10년 전의 대화를 회상해보면, 투자자로서의 내가 얼마나 미숙하고 어리석었는지를 깨닫는다. 물론 나는 금융분야에 경험이 일천한 사람이었고 후배는 은행원이란 게 변명이 될 수도 있겠으나, 그 이상으로 경제를 이해하고 바라보는 지식과 경험의 차이가 너무나도 컸다.

'한 달에 1,100만원을 버는데 월급만 꼬박꼬박 모으면 됐지, 글로벌 경제 위기까지 내가 신경을 써야 해? 세상 모든 변수를 다 걱정하면 어떻게 살아?' 저 당시엔 후배가 헛소리를 한다고 생각했고, 건방진 훈계를 하는 것 같아 기분이 나빴다.

'그래 봤자 고작 월급 300만 원 받으면서⋯. 강남에 아파트 사려면 50년은 걸리겠네'라는 은근한 무시가 기저에 깔려 있기도 했을 것이다. 그때 막 전문의 자격증에 월급을 1,100만 원이나 받게 된 나는 후배의 귀한 충고가 들리지 않았다.

7~8년 전 과천이나 김포 같은 곳에 드라이브를 갔을 때, 맛집이 어디인가를 검색하며 "아 여기 칼국수 맛있다 또 오자, 경마장이나 갔다 올까?"라고 말하는 나와 달리 "여기 개발되면 장난 아니겠는데요. 집값 폭등하겠어요"라던 후배의 말이 떠오른다.

2014년 허니버터칩이 난리가 났을 때 편의점에서 허니버터칩 1개를 드디어 구했다고 기뻐하던 나와 달리 그는 해태제과 주식을 샀고, 배틀그라운드란 게임이 PC방을 점령하자 게임을 하는 대신 크래프톤 주식을 샀다. 그럴 때마다 "야, 넌 머릿속에 돈 생각밖에 없냐"고 혀를 끌끌 찼었다. 그에게 난 얼마나 한심하게 보였을까?

서로의 생각과 삶의 방식이 너무 달랐고, 묘한 경쟁심과 질투가 느껴져 한동안 그와 연락을 하지 않았다. 그러다 2019년 말 페이스북을 통해 동아리 친구 몇몇이 연락이 닿아 송년회를 하게 되었고 거기서 후배의 소식을 들었다. 몇 년 전 결혼을 했고 우리은행 차장이 되었으며 개포동 신축아파트를 분양받았다고 했다. 참고로 그 아파트는 당시 피만 최소 5억 원이 넘을 거라 이슈가 된 곳이었고, 2021년 3월 기준으로 매매가가 28억 원 정도다.

지난 10년을 투자자의 멘탈로 살아온 그와 일반인으로 살아온 나의 뼈 아픈 격차였다. 자격증과 현재의 작은 사치에 안주하며 미래 변수에 대한 대응과 노력을 게을리한 나는 열등감과 자책, 박탈감에 괴로웠다.

당신이 지금 어떤 직업을 가졌든, 현재 자산이 얼마가 있든, 어떤 미래 계획을 꿈꾸는 사람이든 관계없다. 당신이 목사님이나 스님이 아니라면 투자자로서 살아야만 한다. 투자자가 아니라 일반인으로 멍하게 흘려 보낸 그 무수한 시간들이, 너무나 덧없고 안타깝다.

투자를 잘하고 싶다면
공감 능력부터 키워라

공감이란 타인의 상황과 기분을 느낄 수 있는 능력이다. 다른 사람의 입장이 되어서 생각해보라는 의미다. 대인관계와 직장생활에서 꼭 필요한 능력치가 공감력인데 이것이 없으면 좋은 평판을 얻기 힘들다. "김 대리는 일은 잘하는데, 사람이 좀 차가워." "일을 못하지는 않는데 눈치가 없어, 센스가 부족해." 이런 말을 자주 듣게 된다. 특히 직장보다 더 가까운 연인이나 부부관계에서 공감을 적절히 못 해줄 경우 상대방에게 큰 실망과 상처를 주기 마련이다. 극단적인 경우엔 "소시오패스"라는 말까지 들을 수 있다.

투자에 있어 공감 능력이 왜 중요할까? 그것은 투자를 결정하는 가장 중요한 요인이 사람과 욕망이기 때문이다. 돈의 흐름은 인간의 욕심을 따라 흘러가기에 개인과 군중의 심리를 이해하지 못하면 결코 현명한 투자자가 될 수 없다.

앞에서 언급한 후배의 훌륭했던 점은 개인의 아집, 과거의 데이터, 숫자에 연연하지 않고 '현재 사람들이 가장 좋아하는 게 무엇인지'에 대해 끊임없이 관심을 가졌다는 것이다. 유행이 되면 결국 돈이 모인다는 전제 하에 그는 게임도 거의 하지 않으면서 PC방 게임 순위를 주기적으로 체크했고, 블로그와 SNS에서 떠도는 정치, 경제, 문화, 스포츠, 생활에 관한 모든 뉴스를 허투루 흘려 보내지 않았다.

공감은 사람의 마음을 읽는 능력이다. 상대방이 어떤 생각을 할지, 어떻게 행동할지 예상하고 이에 맞춰 적절하게 대응하는 것으로, 가까운 앞날이나 미래를 예측할 수 있다. "미래를 예상한다고? 에이 그런 게 가능해?"라고 반문하겠지만, 간단한 예를 들어보자.

제약회사 영업사원인 이 씨는 회식 자리에서 부장님이 과음하는 것을 지켜보다가 생각했다. '평소 주량보다 많이 드시는데? 편의점에 가서 숙취 해소 음료를 사고 대리기사를 부르자. 오늘 목요일이니까 30분 전에 미리 불러야겠어.' 하지만 이 씨는 여기서 그치지 않고 대리운전을 불렀던 과거의 기억을 되살려 부장님의 집주소를 기사님께 정확히 전달하고, 만취한 부장님 대신 대리비를 미리 카카오페이로 결제했다. 다음 날 회사에 출근한 부장님이 숙취나 두통으로 일정을 헷갈릴 수 있다는 생각에 출근 전 오늘의 중요한 일정 내역을 정리해서 부장님에게 카톡으로 전달했다.

상대방이 무엇을 귀찮아하고 힘들어할지를 미리 헤아리고 배려한 것이다. 이 씨의 공감 능력은 회사생활에서뿐 아니라 연애에서도 빛을 발했다. 그에게는 세 살 아래의 여자친구가 있는데 그녀는 노량진 고시생이었다. 경찰공무원 시험 공부 2년째인 여자친구를 위해 이 씨는 항상 작은 배려를 잊지 않았다. 따뜻한 전기방석, 핫팩, 담요, 홍삼 등을 선물했고, 1타 강사의 수업 영상을 구해다 주었다. 자신도 회사 일로 정신이 없었지만 고시생의 답답함과 불안감을 충분히 이해했기에 아침, 점심, 저녁식사를 할 때 꼭 응원의 카톡을 보냈다. 시험 공부를 같이 해줄 수는 없지만 그 고통과 짜증을 나눌 수는 있다고 생각했다. "수험생은 커피보다는 코코아가 좋다더라." "불면증으로 힘들면 수면양말이나 수면바지 구해다 줄까?" 이와 같은 사소한 관심 역시 잊지 않았다.

이런 작은 것들은 이 씨를 특별한 사람으로 각인시킨다. 사람들은 공감 능력에 대해 과소평가하는 경우가 많다. 대인관계를 위해 학연이나 지연을 들먹이며 술이나 마실 뿐 정작 공감대를 형성하기 위한 노력을 게을리한다. 공감력을 키우기 위해 가장 필요한 것은 '경청하고 기억하기'다.

우리는 일상과 회사에서 자신도 모르는 사이에 나에 대한 정보를 많이 유출한다. 내가 어떤 사람인지, 무엇을 선호하고 싫어하는지 등에 대해 이야기한다. 이런 정보를 취합해 공감 능력으로 승화시키기 위해서는 상대의 말을 잘 듣고, 그 내용을 꼭 기억해두는 습관이 중요하다. 이 간단한 작업을 대부분 잘 못한다. 세상에서 가장 성격 급한 한국인은 타인의 말을 경청하지 않는다. 자신의 생각을 전달하는 것이 훨씬 급하고 중요하기 때문이다. "아 그게 아니라"라며 끼어들거나 남의 말을 잘라 먹기 일쑤이며, 충분히 듣고 이해하려는 노력 대신 받아 치기 바쁘다. 경청하고 기억하기가 습관이 되면 수준 높고 의미 있는 대화가 가능해진다. 상대방이 내가 하는 말에 진심으로 귀 기울여주고 말 한마디를 귀하게 들어준다는 믿음이 생기면 그 사람에 대한 호감과 신뢰도가 높아질 수밖에 없다.

많은 사람들이 이상형으로 '말이 잘 통하는 사람'을 꼽는다. 대부분의 사람들이 이것을 말을 잘하는 사람으로 오해하는데 절대 그렇지 않다. '잘 들어주고 한 번 말한 것을 까먹지 않고 기억해주는 사람'이 이상형인 것이다.

<u>공감 능력이 부족하면 투자를 할 때에도 손실을 보는 경우가 많다. 모두가 "No"를 외칠 때 혼자 "Yes"라고 하는 사람들은 대세를 거스르다 큰 실패를 겪는다.</u> 나라에서 작정하고 돈을 풀던 2020년 11월 중순, 코스피가 드디어 기나긴 박스권을 뚫고 2500을 넘어서자 전문가, 애널리스트는 물론이고 동네 할아버지 할머니 들까지도 모두가 매수를 외쳤다. 동학개미, 서학개미 할 것 없이 영혼까지 끌어 모아 주식을 사기 시작했을 때, 인버스에 올라탄 사람들이 꽤 많다. 외국인, 기관,

개미가 전례 없이 합심해 증시를 끌어올리는데, 강물을 거슬러 오르는 연어들처럼 반대로 가는 사람들, 그들이 바로 공감 능력이 없는 투자자들이다. 증권 리포트, 부동산 대책, 제로 금리 유지, 코로나 대책으로 대출 규제를 완화시키는 등 모든 요소가 코스피 3000을 향해 가고 있는데도 거품이 곧 꺼질 것이라는 생각에 인버스, 곱버스에 베팅한 사람들. 이들은 2021년 코스피가 3300까지 오르면서 손실액이 눈덩이처럼 불어났고, 남들이 주식으로 돈을 버는 것을 보며 상대적 박탈감과 우울감을 느꼈다.

투자를 할 때 타인의 말을 그저 맹신해서도 안 되지만 지나치게 의심하는 것도 좋지 않다. 상대방과 공감하기 위해서는 우선 기본적인 믿음이 전제되어야 한다. 그래야 남의 말을 경청할 수 있기 때문이다. 주식투자란 결국 인간의 욕망이 구현된 거대한 집합체로, 살아 있는 생물과도 같다. 주가를 그리고 시장을 예측한다는 것은 결국 집단과 개인의 마음에 공감하려는 시도다. 내가 좋아하는 물건을 다른 사람들도 좋아할까? 내가 유망하다고 여기는 회사, 오를 거라 생각하는 종목을 다른 사람들도 그렇게 볼까? 주식투자는 결국 이를 분석하는 행위다. 사람의 마음을 이해하는 것, 그것이 투자의 시작이다.

내가 주식에 실패했던 이유

내가 실패한 이유는 다음과 같다.

- 처음의 작은 성공으로 스스로를 과대평가한 것
- 주식투자를 시작한 지 5년이나 지났지만 여전히 주식과 금융에 대해 하나도 공부하지 않은 것(그때 벤저민 그레이엄이나 피터 린치의 책을 단 1권이라도 읽었다면 내 인생은 달라졌을 것이다)
- 대출까지 받아 주식에 투자한 것
- 인덱스 투자가 아닌 종목 투자에만 올인한 것

• 미국과 해외투자를 아예 배제한 것

주식 실패로 인한 우울증에서 벗어나기 위해 가장 먼저 한 일은 HTS(온라인을 통해 주식매매를 하는 시스템)를 삭제한 것이었다. 비밀번호를 일부러 다섯 번 틀리고 지점에 가지 않으면 로그인이 안 되게 설정했다. -79%인 계좌를 보았을 때 전량을 매도하고 계좌를 해지하고 싶었지만, 여자친구가 극구 말려 1년만 참기로 했다. 네이버 1면에 코스피 숫자조차 보지 않으려 인터넷 시작화면을 교보문고 사이트로 바꿨다.

술을 끊는 알코올 중독자처럼 심한 금단 증상에 시달렸고 파란색만 보면 기분이 나빴으며 밤마다 주식이 폭락하는 악몽을 꾸었다. 변화가 필요했다. 사람은 절대로 쉽게 변하지 않는다.

매일 과거의 실패를 되새김질하면서 자책하는 내가 할 수 있는 일이 뭐가 있을까? 운동을 시작했다. 주식으로 잃어버린 시간, 내 삶과 일상, 건강을 되찾고 싶었다.

안동에서 지내는 1년간 서울에 거의 올라오지 않았다. 현재의 부끄러운 내 모습을 보여주기 싫었기에 친구나 지인은 물론 여자친구와도 거리를 두고 지냈다. 카카오톡을 탈퇴하고 모든 자극과 비교로부터 철저히 거리 두는 삶을 살았다. 마치 다른 세상에 사는 것처럼. 도박이나 알코올 중독자가 병원에 입원하면서 철저히 세상의 자극으로부터 단절된 생활을 하며 해독의 기간을 거치는 것처럼 말이다. 안동은 그러한 삶을 살기에 안성맞춤인 곳이었다.

인터넷과 신문을 최대한 멀리했고, 《죄와 벌》이나 《데미안》 같은 고전을 읽었다. 얼마나 세상 돌아가는 일에 관심이 없었는지 2017년 비트코인 광풍이 불었을 때 비트코인이 얼마나 올랐는지도 몰랐다. 1년 동안 한푼도 쓰지 않고 돈을 열심히 모았다. 병원에서 삼시 세끼와 기숙사까지 제공해주니 그야말로 돈 쓸 데가 없었다.

2018년 2월, 나는 미래에셋 지점에 방문해 1년 만에 주식 계좌를 확인했다. 4,000원이던 삼성메디슨 주식이 1만 2,000원으로 폭등해 있었고 4,500원대였던 씨티씨바이오 주식 역시 1만 5,000원이 되어 있었다. 8,400만 원이던 내 주식 계좌는 2억 5,000만 원으로 불어 있었다. 만약 1년을 버티지 않고 중간에 확인했다면 분명 여기까지 기다리지 못했을 것이다. 공포를 이기지 못하고 정리했을 것이 분명하다. "아무것도 하지 않는 것도 투자다"라는 격언을 뼈저리게 실감했다.

1년 동안 한푼도 안 쓰고 모은 월급과 주식을 정리한 돈을 합쳐서 2018년 3월 경기도에 작은 아파트를 샀다. 사실 그 당시에도 나는 집을 살 생각이 별로 없었다.

- 부동산 가격이 최근에 너무 급등해 곧 거품이 꺼질 것이다.
- 과거 주식투자로 인한 트라우마가 나를 소심하게 만들었다.

이 두 가지 생각 때문이었다. 지금이라도 집을 안 사면 거지가 될 것이라는, 협박에 가까운 여자친구의 말에 억지로 집을 계약했다.

그 이후 2년 동안 나는 주식을 전혀 하지 않았다. 2018년 12월 구로에 작은 의원을 개업하고 모든 시간과 에너지를 거기에 쏟았다. 주 6일 근무를 하면서 퇴근해서는 책을 읽고, 일요일엔 칼럼을 쓰며 지냈다. 1년이 1주일 같을 만큼 정신 없이 빠르게 시간이 흘렀다.

2019년 말이 되자 병원은 어느 정도 자리를 잡았고, 사두었던 집값도 꽤 많이 올랐다. 그 사이 책을 한 권 내게 되었으며, 방송이나 강의 섭외도 꽤 많이 들어왔다. 불과 2년 전 바닥을 지나 지하실까지 추락했던 자존감이 다시 어느 정도 회복되어 갔다.

의사로서의 자존감, 한 인간으로서 인정받을 수 있다는 자신감이 회복되자 조금씩 주식공포증을 극복하고 다시 투자에 대한 의욕이 생겨났다. 실로 몇 년 만에 네이버 증권에도 들어가 주가를 확인하기도 했다. 다만 이번엔 서두르지 않았다. 다시 계좌를 만들기 전에 공부를 시작했다. 가계부를 쓰고 주식에 대한 책들을 읽었다. 신과 함께, 신사임당, 김작가 TV 같은 경제 유튜버 방송과 〈이코노미스트〉 잡지를 구독했다. 스스로에 대한 준비가 될 때까지 상상과 모의투자만을 할 뿐 실제로 돈을 넣지는 않았다. 당장이라도 사고 싶은 주식이 있을 때는 분기실적과 재무제표를 읽으면서 한 달을 기다렸다. 물론 그 후에도 투자하지는 않았다. 쉽게 돈을 벌고 싶다는 욕심이야말로 가장 달콤한 함정임을 깨달았기에 주식을 하고 싶을 때는 줄넘기를 하고, 때로는 게임이나 웹툰을 보면서 마음을 다스렸다.

투자는 주식을 매수하는 그 순간이 아니라 그 주식을 사기 전 준비에서 이미 시작된다. 시장의 흐름과 그 종목을 충분히 공부했는가? 투자자의 멘탈과 자산 비중은 얼마나 안정적인가? 이에 따라 이미 투자의 성패는 결정되는 것이다. 여전히 나는 초보자임을 뼈저리게 알고 있었기에 기다릴 줄 아는 것, 그 역시 투자였다.

코스피 1400,
하늘이 주신 기회

시간이 흘러 2020년 3월 19일 나는 내 인생에서 세 번째로 주식 계좌를 다시 만들었다. 코스피가 1457까지 떨어졌고 사람들은 코로나19를 과소평가했다. 전 세계가 팬데믹으로 인해 모두 멈췄다. 무역과 여행, 경제는 심각하게 얼어붙고 한국, 아니 세계 경제가 망한다는 전망이 속출했다. 어떤 사람은 코스피가 800까지 떨어질 거라 했고 누군가는 지금이야말로 집을 팔아서라도 주식에 올인해야 한다고 주장했다. 한치 앞을 예측할 수 없는, 아니 예측 자체가 무의미한 시기였다. 나는 드디어 때가 왔음을 직감했다.

물론 나 역시 어떠한 확신을 가지고 주식을 다시 매수한 것은 아니다. 내가 믿은 것은 찌라시나 정보, 애널리스트의 리포트가 아니라 지난 3년간의 시간이었다.

주식투자를 하지 않았던 3년 동안 실패한 투자자들의 심리와 요인을 분석했고, 주식이 아닌 정치와 경제뉴스를 열심히 보았다. 달러와 환율, 원유의 변동사항, 채권과 주식의 차이, 부동산 전망 관련 책을 읽고, 강의를 들었으며 스터디도 했다. 심지어 주말엔 토지 경매 강의까지 들었다. 주식투자를 하지 않으면서 경제에 대한 것이라면 뭐든지 배우고 익히려 노력했다. 물론 그 사이에 내가 투자의 고수로 거듭나거나 전문적인 지식을 갖추게 된 것은 전혀 아니었다. 다만, 중요한 건 그 시간 동안 나 스스로에 대해 알게 되었다는 점이다. 내가 어떤 성향을 갖고 있는 사람인지 어떤 투자가 나에게 적합한지를 분석하고 공부했다.

또한 객관적이고 중립적인 시각을 유지하기 위해 투자 실패로 정신과를 찾는 우울증 환자와 주식 중독자들, 그들의 가족을 상담했다. 비트코인과 해외 선물옵션에 올인하던 그들이 안정형 장기 투자자로 거듭날 수 있도록 도왔다. 매주 한 번씩 상담하며 재무제표와 실적 보는 법을 함께 공부했다. 당기 순이익과 R&D 비율은 어느 정도가 적정한지, 유상증자와 무상증자의 차이는 무엇인지, 환율 민감 기업 중 달러 부채 비중이 큰 곳은 어디인지 이야기했다. 보이지 않는 것들이 보이기 시작했고 정치와 사람은 물론, 자연재해까지도 모든 것은 경제와 연결되어 있다는 사실을 깨달았다.

"선생님, 이걸 공부한다고 반드시 오를 주식을 찾아낼 수 있을까요?"
"아니요. 하지만 적어도 미래의 자신에게 덜 부끄러운 투자를 할 수는 있겠지요."

내가 운영하는 주식 클리닉에서 가장 강조한 것은 두 가지였다.

- 소중한 내 돈을 지키려면 찌라시가 아닌 진짜 전문가와 상담할 것
- 전문가의 말을 이해하고 적용할 수 있는 최소한의 공부를 할 것

최소 2주일에 한 번은 증권회사 지점을 찾아가 투자에 관한 상담을 받거나 조언을 구하고, 매주 나에게 와서 상담을 받도록 안내했다. 그 과정은 물론 쉽지 않았다. 수많은 실패, 아집, 자책 등으로 원칙을 지키지 못하는 경우가 많았으며, 과도한 욕망이나 불안에 무너지는 경우도 많이 보았다. 환자들을 보면서 느낀 가장 큰 깨달음은 투자라는 행위로 내 일상이나 미래까지 뒤흔들 수 있을 만큼 큰돈을 벌거나 잃었을 때 가장 순수한, 그 사람 본연의 모습이 드러나게 된다는 것이다. 주식투자는 자신이 어떤 사람인지를 가장 적나라하게 드러내는 원초적인 행위다.

고작 3년의 시간으로 나와 내가 상담한 환자들이 주식 전문가가 되었을 리는 없다. 하지만 우리는 스스로에게 어떤 투자가 적합한지를 깨달았고, 자신만의 원칙이 생겼으며, 내가 어떤 성향을 가진 사람인지 이전보다 훨씬 잘 알게 되었다.

그런 이유로 2020년 3월부터 4월까지 나는 꽤 많은 돈을 투자했다. 코스피200 인덱스 펀드, S&P 500 지수 펀드, 삼성전자, 카카오…. 코스피 상위 20개 종목을 번갈아 매수했다. 코스피는 3000까지 올랐고 덕분에 110% 정도의 수익을 볼 수 있었다. 물론 2020년, 이 기간 동안 300%, 심지어 테슬라에 올인해서 700% 가까운 수익률을 본 사람들도 있다. 하지만 자신의 수익을 굳이 더 성공한 사람들과 비교하며 열등감을 자초할 필요는 없다. 그저 과거의 나와 비교해보면서 스스로 발전하고 있는지를 확인하면 된다.

나는 아직 부자가 되기엔 한참 멀었으며, 이 책에서 '나는 이렇게 해서 돈을 엄청 벌었으니 당신도 배우시길' 식의 메시지를 담고 싶지도 않다. 기적의 투자법이니 계좌 인증 같은 타인의 돈 자랑이나 성공담은 한없이 지루할 뿐이다. 게다가 상승장, 불장에서 얻은 이익은 순간의 행운일 뿐 실력의 결과라 믿어서는 안 된다. 자만심과 방심에 취한 멘탈이야말로 실패에 가장 가까운, 취약하기 짝이 없는 것이기 때문이다.

전 재산을 다 잃었던 초보자가 어떻게 트라우마와 투자포비아를 극복하고, 스스로의 부족함을 인정하면서 현명한 투자자로 한 걸음씩 걸어나가는지 그 과정을 관대하게 지켜봐주기를 바란다. 나는 그 여정의 30% 지점 정도에 와 있다. 더 늦기 전에 당신도 동행하기를 권한다. 말은 아직 달리기를 시작하지 않았고, 올라탈 자리는 여전히 남아 있다.

투자에도
자존감이 필요하다

2017년 《자존감 수업》이란 책이 공전의 히트를 쳤다. 저자 윤홍균 선생님은 정신과 의사로, 인품이 무척 훌륭하고 환자에게 진심을 다하기로 유명한 분이다. 이 책이 4년이 지난 지금까지 사랑받고, 자존감이라는 단어가 아직까지도 많은 사람들의 입에 오르내리는 이유는 무엇일까? 아마 우리 사회 전반을 지배한 불안감 때문일 것이다.

자존감은 학자마다 조금씩 다르게 정의하는데, 자아 존중감, 자기 확신감이란 말과 거의 혼용되거나 비슷한 의미로 쓰인다. 쉽게 정리하자면 '내가 얼마나 가치 있는 사람인지 스스로 확신하는 능력'이라고 이해하면 된다. 이 정의에서 가장 중요한 요소는 '스스로'다. 자신의 자존감을 결정하는 것은 타인의 인정이나 외부의 평판이 아니라 나 자신이라는 점을 깨닫는 것이 무척 중요하다.

이것을 모른다면 우리는 가짜 자존감에 집착하게 된다. 학벌, 스펙, 자격증 같은 것들에 얽매이거나 내가 충분히 사랑받을 만한 사람이라는 것을 확인하고 싶어서 SNS 좋아요 수에 집착하기도 한다. 자존감은 자아 정체성을 확립하는 필수 요소인데, 가짜 자존감을 유지하기 위해 보여주는 삶에만 얽매인다면 모래성처럼 연약한 정체성 때문에 오랜 시간 불안 속에서 방황하게 된다. 그 불안의 이름은 열등감이다.

우리는 생각한다. '그래도 남들이 사는 만큼은, 비슷하게는 가야 하지 않겠냐'고. 서울에 아파트 한 채는 마련해야 하며 외제차 한 대는 몰아야 하고, 늙어서 자식에게 손 벌리지 않으려면 열심히 돈을 모아야 한다고 말이다. 20대부터 노후 준비를 고민하고 진짜 자신이 원하는 삶엔 관심조차 없다. '내가 진짜로 원하는 것'을 운운하다가는 세상 물정 모르는 철없는 사람이나 배부른 소리로 취급받기 십상이다. 결국 내가 원하는 것보다는 남들이 인정해주는 것에 집착할 수밖에 없는 곳이 바로 2021년 대한민국이다. 물론 학벌과 스펙, 강남 아파트를 꿈꾸고 지향하는 삶이 거짓이며 가치가 없다고 볼 순 없다.

하지만 본인이 진정 원하는 꿈이 아닌 타자의 욕망이 투영된 삶을 40~50년 살고 난 후 우리는 그토록 집착했던 것들이 사실 진짜가 아닌 페르소나 혹은 허영일 뿐이란 걸 깨닫는다. 내가 자존감이라 믿어

왔던 것들이 그저 열등감에 빠지지 않기 위한 몸부림에 불과했음을 말이다.

따라서 투자에 임할 때도 자존감이 중요하다. 우리는 보통 투자를 시작할 때 항상 친구, 지인들과 비교한다.

"누구는 이번에 셀트리온을 사서 120% 먹었대."
"작년 주식에 올인해서 2억 원 넘게 벌었다더라."

이런 소문(설령 이게 사실이라 할지라도)에 휘둘리게 되면 투자에 임할 때 평정심을 잃게 마련이다. 만사가 그러하듯 자존감이 흔들리면 그 일을 꾸준히 수행할 동력, 판단력, 인내심이 무너지게 된다. 친구가 어떤 주식을 어떤 방식으로 사서 변동성에는 어떻게 대응했는지를 질문하고 배워야 하는 것이지, 그 친구가 몇 억을 벌었는지에 초점을 맞춰서는 안 된다.

어떤 사람은 자존감에 대해 '타인과 나를 비교하지 않는 것'이라고 정의한다. 하지만 내가 생각했을 때 그것은 공자님 혹은 자산이 수조 원쯤 되는 재벌이나 가능한 소리다. 그들의 관심사는 돈이나 성공이 아니기 때문에 할 수 있는 말이다. 자본주의 사회에서 보통 사람이 어떻게 남들을 부러워하지 않을 수 있단 말인가? "한남동 나인원 하우스나 지방 연립주택이나 다 똑같다. 벤츠나 아반떼나 잘 굴러가기만 하면 되는 거다"라고 말하는 것은 가식이다. 누구나 명품, 안락함, 경제적 여유를 갈망하고 선호한다.

내가 생각하는 자존감은 '타인과 나를 비교하되 그 차이를 인정하는 것'이다. 현재 시점에서 부자인 친구와 나의 차이점을 인정하고, 친구의 현명함을 배울 줄 아는 것이 진짜 자존감이다.

열등감의 또 다른 말은 자격지심이다. 부자들은 돈이 없는 사람들을 무시하지는 않지만, 돈이 없음에도 허세를 부리거나, 부자들을 함부로 매도하는 이들을 좋아하지 않는다. 물론 인격의 성숙함과 됨됨이야 여기서는 논외로 치고, 투자자로서만 고려한다면 부자들에게서 배울 점이 훨씬 많다.

하루 아침에 그들을 쫓아가지 못한다고 초조해서는 안 된다. 그들의 방식을 배우고 내 자산 수준에 맞춰 적용해보는 것이 중요하다. 내 주식 계좌 자산이 5,000만 원인데 5억 원을 가진 사람의 포트폴리오를 그대로 따라해서는 안 된다는 의미다. 무리하게 빚을 끌어 쓰거나 미수를 통해서 거품 계좌로 따라잡으려 해서도 안 된다. 지금 나보다 훨씬 앞서 있는 그들도 수많은 시행착오 끝에 현재에 도달했음을 상기하자. 수용적이고 겸손한 자세로 그들의 투자 노하우를 배우고 기억하자. 현재의 위치를 인정하고 타인을, 부자들을 존중하는 것. 그것이 바로 투자 자존감이다.

유동성 장세,
누군가에겐 지옥, 누군가에겐 천국

코스피는 2010년부터 2017년까지 거의 7년간 박스권에 갇혀 있었다. 예측이 가능한 안정적인 장세라고 볼 수 있었던 이 시기는 2017년 여름부터 균열이 생겼고 2017년 10월 드디어 2500을 뚫었는데 비트코인 광풍이 불던 시기와 정확히 그 궤를 함께한다. 2018년 4월 정도까지 2400~2500으로 횡보세를 이어가던 시장은 그 뒤부터 1년 동안 우하향 곡선을 그린다. 특히 2020년 3월 코로나 시기에는 평생 한 번도 보지 못했던 속도로 폭락한다.

코스피 지수

그리고 바로 그 직후부터 역사상 전례가 없던 폭등장이 시작되었다. 2020년 4월부터 2021년 1월까지 코스피는 1400에서 3300까지 올랐다. IMF 사태인 1997년에도 리먼 브라더스 때도 보지 못한 그야말로 생전 처음 겪는 주식시장을 목도한 것이다. "위기는 곧 기회가 될 수 있다"는 말이 식상하게 들릴 만큼 무수히 많은 30대 주식 부자, 30대 은퇴자들이 탄생했다. 2020년 1년 동안 100% 수익률은 어디 가서

명함도 꺼내기 힘들 성적표였다.

하지만 작년의 불장에서 모두가 돈을 벌었는가 하면 또 그렇지가 않다. 초반에 큰 손실을 본 사람들이 대부분이었기 때문이다. 코로나19 위기를 겪으면서 모두가 패닉에 빠졌다. 2020년 2월 20일 2195였던 코스피는 3월 19일 한 달 만에 1457까지 떨어졌다. 이 시기 동안 대부분의 주식이 반토막났고 심지어 삼성전자 주식도 4만 원대까지 폭락했다. 이전부터 주식에 5,000만 원 이상 투자하고 있었던 사람이라면 도저히 제정신을 잡기 힘든 시기였다. 한 달 동안 매일 아침 눈을 뜰 때 수백 혹은 수천만 원씩 돈이 줄어드는데 어떻게 제정신으로 본업에 집중할 수 있었겠는가!

초보 투자자들은 이때 패닉셀링을 하지 않은 사람이 거의 없다. 2200에서 1800 정도까지 코스피가 빠졌을 때 대부분이 여기가 바닥이라며 물타기를 했다. 신규 매수자들도 보통 이 시점에 가장 많이 유입되어 물렸다. 모두의 예상과 달리 주가는 1450까지 떨어졌고, 대한민국은 물론 전 세계가 망한다는 루머로 흉흉했다. "코스피가 800까지 떨어진다" "도망쳐"라는 말들로 네이버 토론방이 도배되기도 했다.

3월 말, 모두의 예상이 보기 좋게 또 빗나간다. 주가가 그야말로 미친듯이 폭등하기 시작한 것이다. 매수 타이밍을 놓친 채 남들이 큰 수익을 보는 걸 지켜만 봐야 했던 사람들이 많았다. 사실 2020년에 주식으로 큰 수익을 본 사람들은 초보자인 경우가 많았다. 원래 주식을 꾸준히 하던 이들이나 전문가들은 큰 수익을 맛보지 못했는데, 그들이 알고 있는 루틴과 상식들이 오히려 발목을 잡았고 그들을 소심하게 만들었기 때문이다.

"너무 단기간에 급등했으니 곧 조정이 올 거야. 그때 들어가야지." 사람들이 말하는 그때는 결국 오지 않았다. 과거의 경험과 예측이 의미 없는, 한마디로 미친 폭등 앞에서 전문가들도 혀를 내둘렀다. 돈 놓고 돈 먹기, 전업 투자자, 데이트레이더들이 쏟아져 나왔고, 코로나19로 1년 내내 침체된 자영업, 실물경제 정체와 맞물려 본업에 충실히 노력하는 사람들이 순진한 바보가 되는 시대가 되었다.

코스피 1500에 모든 주식을 정리한 뒤 폭등장을 9개월 넘게 바라만 보다가 3200이 되어서야 다시 들어왔다 물린 사람도 있었고, 현대차를 10년 넘게 보유했다가 10만 원에 팔았는데 28만 원까지 오르자 애플카 이슈 하나만 믿고 다시 1억 원 넘는 돈을 올인했다가 손실을 본 사람도 있었다.

내가 지인에게 들었던 가장 성공한 투자자는 한 치과 의사로, 그는 주식에 크게 관심이 없는 사람이었다. 코스피가 1450까지 떨어지자, 이제는 올라갈 일만 남았다고 확신했고 신용미수까지 끌어 모아 옵션과 인덱스, 레버리지 등에 7억 원 정도를 올인했다고 한다. 그는 코스피가 3100이 되어서야 주식을 팔았고 30억 이상의 수익을 봤으며 현재는 은퇴를 준비한다고 들었다. 하지만 이러한 사례를 성공의 교본으로 삼기는 어렵다. 코스피가 50포인트만 더 떨어졌어도 그의 자산은 반토막이 났을 것이며 그 정도의 고위험 포트폴리오를 9개월 넘게 유지했다는 것도 믿기 힘든 이야기다. 하지만 2020년 한 해 동안 '누구는 몇 억을 벌었네' '10억 원을 벌었네'라는 소문들이 무성했고 100억 원 수익 계좌를 인증하고 은퇴한 서른아홉 살의 투자자도 있었다.

이 모든 게 사실일 수도, 어쩌면 허망하게 부풀려진 소설에 불과할 수도 있다. 다만 확실한 것은 1년간 미친 유동성과 변수를 똑같이 겪으면서 어떤 이는 천국, 어떤 이는 지옥을 경험했다는 사실이다.

2021년 또 조정과 폭락의 조짐이 보인다고들 한다. 우리는 2020년을 보면서 어떤 교훈을 얻어야 했을까? 이런 유동성 장세가 또 온다면 그때는 어떻게 대처해야 할까?

여전히 많은 이들이 초보 투자자로, 금융 문맹으로 남아 있기에 안타깝다. 사실 주식투자의 전문가라고 할 수 없는 내가 이 책을 쓴 이유는 여전히 위험을 인지하지 못하는 초보자들에게 일말의 경각심을 일깨우기 위해서다. 폭락장이든 폭등장이든 상관없이 누군가는 점점 더 부자가 되어가는 반면, 기민하지 못한 당신은 벼락거지가 될지도 모른다. 위험은 또 다시 온다. 지금이라도 깨어 있지 않으면 더욱 도태될 뿐이다.

초보자들은 알 수 없는
부자들의 투자 방법 다섯 가지

그럼 우리는 다가올 위험에 대비해 무엇을 준비하고 배워야 할까? 다음 장부터 초보자들이 실패할 수밖에 없었던 원인을 분석하고 멘탈을 훈련하는 법, 현명한 투자자로 거듭나는 실용적인 방법들에 대해 공부해볼 예정이다. 이번 장의 마지막에서는 우리 주변의 부자들에게서 교훈을 얻어보기로 하자.

쉽게 말해서, 부자들은 절대 돈을 잃지 않는다. 그들은 지루하고 고통스러운 초보자의 긴 여정, 수많은 시행착오들을 훌륭히 감내하고 거쳐온 생존자들이다. 당신이 초보라면 부자들의 투자 방법을 그대로 따라 해보는 것이 큰 공부가 된다. 물론 남의 말을 잘 듣지 않고, 의심이 많은 사람이라면 어려운 일이다. 타인의 조언을 참고하는 것이 자존심 상하는 일이라고 착각하는 사람이라면 더욱 그렇다. 하지만 우리의 목적이 인정받거나 자존심에 연연하는 게 아니라 수익을 내는 것에 있음을 다시 상기한다면 반드시 부자들의 투자 지침을 똑같이 따라 해볼 필요가 있다. 그럼 대체 부자들은 일반 투자자와 무엇이 다를까?

첫째, 부자들은 절대 돈을 잃지 않는다. 부자들은 올인하지 않고 항상 여윳돈을 충분히 남겨두고 분할매수를 한다. 그들에게는 손실이 난 주식을 매도하지 않고 기다릴 수 있는 여유와 자금력이 있다. 주가가 회복할 때까지 장기 투자를 하면서 물타기를 하면 그만이다.

둘째, 기대 수익률이 높지 않다. 우선 부자의 기준은 어떻게 될까? 2021년 대한민국에서 부동산을 제외하고 현금 자산이 50억 원 정도 있으면 부자에 해당한다. 당신이 만약 50억 원을 갖고 있고, 그중 30억 원을 주식에 투자한다고 가정해보자. 너무나 당연하게도 굳이 위험을 감수할 필요가 없다. 3~4%의 수익만 해도 1억 원이다. 급등주, 고위험 종목 등을 찾으며 무리할 필요 없이 코스피 상위 10개 종목, 다우지수, 나스닥 상위 10개 종목에만 분산투자를 한다면 어지간해서는 절대로 손해볼 일이 없다. 코로나19와 같은 예상치 못한 폭락이 오더라도 충분히 유연한 대처가 가능하다.

셋째, 다른 곳에서 본 손해를 주식으로 만회하려고 들지 않는다. 부동산 가격이 폭등하면서 이에 대한 박탈감을 주식으로 보상받으려는 사람들이 있다. 누구는 집값이 3억 원 올랐네, 5억 원이 올랐네 하는 소식에 힘들어하면서 주식으로 이를 일거에 보전하려는 시도를 하곤 한다. 초조해진 이들은 주로 100% 이상의 고수익을 목표로 단타매매를 하는데 이래서는 실패를 반복할 뿐이다. 부동산과 주식, 금, 달러, 채권은 아예 다른 성질의 투자이며 각자 별도의 전략을 가지고 독립적으로 접근해야 한다.

넷째, 과거가 아니라 현재와 미래에 집중한다. "그때 그 주식을 샀어야 하는데"라며 후회하는 것만큼 쓸모 없고 어리석은 일이 없다. 타임머신이 없는 한 우리는 과거로 돌아갈 수 없다. 부자들의 시선은 항상 현재와 미래를 향해 있다. 이들은 자책이 아니라 반성을 하고, 같은 실수를 반복하지 않는다. 수익을 낼 수 있는 기회는 언제나 있다. 과거에 사로잡힌 당신이 다가올 기회를 또 한 번 놓쳐버리는 것뿐이다.

다섯째, 감정이 아닌 이성으로 투자한다. 2015년 나는 SK이노베이션으로 큰 손실을 보았다. 마지막으로 손절한 뒤에 "이 망할 주식은 다시는 거들떠도 보지 않겠다"라고 결심했는데 이것이 대표적인 감정 투자의 오류다. 우량주의 사이클을 잘못 탄 나에게 책임이 있는 것이지, 종목 자체에 문제가 있는 것은 아니다. 본인의 실수를 인정하기 싫어 종목에 감정을 투사하는 것은 어리석은 행동이다. 실제로 2015년 이후 SK이노베이션을 통해 큰 수익을 얻을 수 있는 기회는 무척 많았다. 2020년 11월 조 바이든 미국 대통령 당선 직후, 전기차 배터리 이슈로 한 달 만에 20% 이상의 수익을 어렵지 않게 얻을 수 있었다. 돈을 벌 수 있는 기회를 본인의 선입관이나 트라우마를 이유로 날려서는 안 된다. 감정적인 투자는 시야를 더욱 좁게 만들고 고립시킬 뿐이다. 부자들은 변명하거나 남의 탓을 하지 않는다. 손실이 컸던 주식도 지켜보다가 좋은 타이밍이라 생각되면 지체 없이 다시 투자한다.

투자에 적합한 MBTI?

상담하면서 "주식투자에 적합한 MBTI(Myers-Briggs Type Indicator)는 무엇인가요?"라는 질문을 받은 적이 많다. 그럴 때마다 "MBTI 검사가 인간의 성격 유형을 완벽히 표현해주기에는 무리가 있습니다"라고 답하곤 한다. 심해처럼 복잡하고 측정키 어려운 사람의 성격을 16가지로 단순히 분류한다는 것 자체가 모순과 한계점을 가지기에 MBTI 무용론을 주장하는 학자들이 꽤 많다. 하지만 장장 75년의 시간 동안 수많은 연구자, 참여자들의 노력과 헌신으로 신뢰도와 타당성 검증을 거쳐서 완성된 이 검사가 사람의 성격을 분류하는 데 정말 큰 기여를

했다는 점은 부정할 수 없다.

MBTI 검사는 사실 아주 우연한 계기로 탄생되었다. 이사벨 마이어스(Isabel Myers)와 캐서린 브릭스(Catharine Briggs)가 공동개발한 것으로, 이들은 모녀지간이다. 하루는 딸인 이사벨이 사윗감이라며 남자친구를 집으로 데려오자, 어머니 캐서린은 "저 사람은 우리 가족과 어떻게 이렇게 다를 수가 있을까? 성격이 완전 정반대야!"라는 점에 호기심을 느꼈고, 사람은 유전적·환경적 요인에 따라 성격이 정말 다른 표현형으로 나타날 수 있다는 가설을 세웠다. 이를 계기로 어머니와 딸이 대를 이어 만든 일생의 프로젝트가 MBTI다.

MBTI의 불완전함을 알면서도 2020년 정말 많은 이들에게 회자되고 대유행을 한 것은, 코스피가 1400에서 3100을 넘나드는 불안한 상황에서 '나는 과연 어떤 성격의 사람인가? 지금 내 문제는 무엇일까? 나는 변할 수 있을까?'라는 문제에 모두가 깊이 공감했기 때문일 것이다.

"성공한 투자자가 되려면 어떻게 해야 할까?"라는 질문보다 먼저 "나는 어떠한 사람인가?"라는 질문을 스스로에게 던질 필요가 있다. 외향적인가, 내향적인가? 내 눈과 귀로 확인한 정보만을 신뢰하는가, 아니면 예감이나 직관을 더 중시하는 편인가? 이에 대한 자기 분석이 선행되어야 한다.

나는 소위 내성적이고 소심한 아이였다. 에너지와 관심의 초점이 주로 내면에 있었다. 친구들이 타인과의 소통을 중요시하고 밖에서 축구를 할 때 나는 자신과의 대화를 많이 한 탓에 사차원, 외계인으로 불렸다. 엉뚱한 상상이나 공상을 많이 했고, 만화나 판타지 소설을 즐겨 읽었다. 어쩌면 은밀한 따돌림이나 비웃음의 대상이 되었을 수도 있었겠지만 다행히도 적극적인 또래 친구들에게 열등감을 느끼진 않았다. 친구들보다 운동을 못한 것은 사실이었지만 '내게는 다른 장점이 있겠지'라고 생각했다.

그렇다고 내가 쭉 내성적이기만 했을까? 인간의 성격은 다면적이고 복잡한 만큼, 내게도 외향적인 성격을 동경하는 부분이 있었다. 그 마음은 타인에게 인정받고 공감받고 싶어 하는 욕구로 표출된 적이 많았다. 남들이 인정하는 기준, 타인의 취향과 시선에 민감했고 내가 진정으로 원하는 것을 찾기보다는 다른 사람들이 인정하는 가치나 스펙을 쌓는 데 열정을 쏟았다. 의대에 진학한 데에는 아마도 그런 것들이 작용한 결과였으리라.

나의 성향은 주식투자 패턴에도 큰 영향을 미쳤다. 방송이나 전문가들, 남들이 추천하는 대장주보다는 가치주에 관심이 많았고 팩트에 근거한 정보보다는 내 직관을 믿었다. 경험이 부족했던 생초보 시절에도 다소 무모하리만치 리스크가 큰 장외주식에도 손을 댔었다. 소심한 쫄보였던 내가 투자에 있어서는 모험적이고 위험감수형이었다. 이는 어쩌면 정신과 의사라는 직업이 가지는 신중함과 일상의 지루함에 대한 반동 때문이지 않았을까?

정신과 의사의 삶은 기본적으로 무척 안정되고 조용한 삶을 목적으로 한다. 욕망을 다스리며 자극이나 쾌락보다는 소소하고 안정된 생활에서 만족을 얻으려는 게 기본방침이다. 말하기보다는 들어야 하고 화가 나도 참아야 하며 끊임없이 내 감정을 억제하는 습관이 자연스레 자리잡았다.

의식의 측면에서 그런 선비 같은 삶을 추구하다 보니, 수면 아래 무의식에는 나도 모르는 욕망이 꿈틀거리고 있었다. 거칠고 도전적이며 도박 같은 삶을 동경하는 내 안의 무언가가 주식을 사는 그 순간 불쑥 튀어나온 건 아닐까.

평소의 나는 의심도 많고, 사소한 숫자나 소액의 돈도 수차례 확인한 후 송금하는 강박적인 성향의 사람이다. 심지어 스마트폰 하나를 살 때도 그 꼼꼼한 약관을 거의 다 읽어본다.

그런 내가 주식을 매매할 때만큼은 중독형, 겜블러형 투자자가 된다는 사실이 실로 놀라울 뿐이다. 나도 모르는 무의식의 공간에 무모함, 충동성, 허영심이 숨어 있다는 사실을 좀 더 일찍 깨달았다면 2016년에 그렇게 많은 돈을 날리지 않았을 거라 확신한다. 아파트를 사기 위해 모은 전 재산을 주식에, 그것도 단 세 종목에 올인하는 미친 도박을, 정신과 의사인 내가 할 줄이야!

당시 결혼을 하고 싶다는 조급함, 빨리 목돈을 모으고 싶다는 초조함, 자괴감, 열등감이 이성의 영역인 대뇌피질을 마비시킨 상태였다. 5~10%가 아닌 100~200% 투자 수익을 원했고 아무런 근거 없이 그게 가능할 거란 마술적 사고에 빠져 있었다. 아니 어쩌면, 우울증에 빠진 뇌가 자해에 가까운 무모하고 충동적인 행위를 방관하고 있었을지도 모른다. 파국의 길로 들어갈 걸 알면서도 그 행동을 반복하게 되는 중독처럼 말이다.

당신은 어떠한가? 어떤 사람은 이성적인 기준으로 정보를 분석하고 계산과 숫자를 중시하며 결론을 도출한다. 이해 비해 감정을 더 중시하는 사람들은 사실보다 그 사실이 불러올 정서적인 면이나 사회적인 파장에 더 중점을 둔다.

조직적·체계적으로 일을 진행하기를 좋아하는 사람들은 미래에 대한 구체적인 방향을 미리 알고 싶어 하며 불확실성을 싫어한다. 변수에 대한 통제를 확실히 해야 안심할 수 있다. 반대로 유연하고 임기응변에 능하며 그때그때 상황에 맞추어 대응하는 걸 즐기는 사람들도 있다. 투자에 앞서 자문해보자. 당신은 어떤 사람인가?

MBTI 유형에 맞는 투자 방법

MBTI 검사는 모두 95문항으로 구성되어 있고 네 가지 척도의 관점에서 검사를 진행한다.

외향적인가 **E** – **I** 내향적인가
감각적인가 **S** – **N** 직관적인가
사고를 중시하는가 **T** – **F** 감정을 중시하는가
판단을 중시하는가 **J** – **P** 인식을 중시하는가

개인이 선호하는 네 가지 지표를 표시(예를 들어 INTJ)해 총 16가지의 유형으로 성격을 분류한다. 각각의 지표는 우리가 살면서 사물과 타인을 어떤 식으로 인식하고 판단하는지를 보여준다. 즉, 인간이 주어진 상황에서 어떤 행동과 사고방식을 선호하는지 알아보는 검사라고 이해하면 된다.

E 외향성 : 에너지와 관심의 초점이 외부에 있으며 타인과의 소통을 중요시한다. 인식과 판단을 할 때의 근거도 외부의 평가기준을 따르는 경우가 많다. 본인의 만족보다는 남들이 인정할 수 있는 가치나 스펙을 쌓는 일

에 더 열정을 쏟는 성향이 있다.

① 내향성 : 내부의 개념이나 생각에 더 관심을 둔다. 즉, 타인보다는 자기 자신과의 소통을 더 중요하게 여긴다. 숙고하는 성향이 있으며 자신의 과거, 부모와 있었던 애착에 대한 되새김질, 반추적 사고를 하기도 한다. 대인관계를 꺼리는 것은 아니지만 혼자 있는 시간을 불편하게 여기진 않는다.

⑤ 감각형 : 자신의 눈이나 귀로 확인된 정보만을 믿고 받아들이는 경향이 있다. 조심성이 많고 신중한 편이다. 순서와 절차에 입각해서 차근차근 업무를 수행하는 스타일이며 세부적이고 구체적인 사실을 중시한다.

Ⓝ 직관형 : 예감이나 직감에 의지한 결정을 많이 내린다. 다소 엉뚱하거나 특이하다는 소리를 들을 때도 있지만 이들은 미래 지향적이고 창의적이며 새로운 접근을 중시한다. 모험을 즐기며 다소 무모한 사업이나 투자에 뛰어들기도 한다. 다양한 정보 간의 연관성, 통찰력 등을 중요하게 생각한다.

Ⓣ 사고형 : 객관적이고 이성적인 기준을 바탕으로 정보를 비교 분석하고 논리적인 결과를 도출한다. 계산과 숫자, 근거를 가지고 결론을 내리려는 성향이 있다.

Ⓕ 감정형 : 팩트보다는 그 사실이 불러올 감정적인 부분에 중점을 둔다. 어떤 일의 결과보다는 그로 인한 대인관계, 정서적 영향에 더 관심을 갖는다.

Ⓙ 판단형 : 어떤 일을 계획하고 수행할 때 큰 그림에 대한 계획을 미리 세우고 조

직적, 체계적으로 진행하기를 좋아한다. 임기응변식이 아니라 미래에 대한 구체적인 방향, 변수에 대한 통제 등을 확실히 해놓는 편이다.

🅟 **인식형** : 조금 유연하며 자신의 삶을 완전히 통제하고 조절하기보다 그때그때 상황에 대응하며 적응해나간다. 일관된 목표를 세우고 일직선으로 사는 삶보다는 환경에 맞춰 자율적으로 살아가기를 원한다.

개인적으로 주식투자에 적합한 유형은 ESTJ 혹은 ENTJ라고 생각한다. 우선 임기응변 스타일의 인식형(P)보다는 계획적인 판단형(J)이 중장기 투자에 훨씬 적합한 성격이다. 그리고 감정에 치우치는 경우가 많은 감정형(F)보다는 사고형(T)이 데이터나 숫자, 확률과 통계에 훨씬 친숙하다.

외향형(E)과 내향형(I) 중 어느 쪽이 주식투자에 적합한지는 논쟁의 여지가 있을 수 있다. 다만 자신의 실수를 반복적으로 자책하며 후회할 가능성이 큰 내향형보다는 외향형이 장기적인 투자에는 더 잘 맞을 것으로 본다.

감각형(S)인 사람은 이미 알려진 종목에 충분한 데이터를 가지고, 재무제표나 실적에 근거한 투자를 할 것이다. 직관형(N)은 꼭 정보나 숫자에 집착하지 않고 때로는 과감하게 가치성장주, 변동성이 크지만 대박을 노릴 만한 종목에 투자할 것이다.

다음은 각 유형별로 투자하면서 조심해야 할 부분들을 체크한 팁이다.

ESTJ

주식투자에 가장 적합한 유형이다. 꼼꼼하고 합리적이며 다른 사람의 의견에도 귀 기울일 줄 안다. 안정형 주식을 선호하지만 부분적으로 모험도 할 줄 아는 편으로, 전체적으로 가장 균형 잡힌 주식투자자라고 생각된다.

ESTP

데이터와 통계를 원칙적으로 믿고 따르면서도 가끔 남의 말에 혹해서 테슬라나 전기차 배터리 종목에 무리한 투자를 할 때가 있다. 본인이 정한 원칙이 있지만 가끔은 완전히 벗어난 엉뚱한 방식의 투자를 하거나 위험한 종목에 충동적으로 투자하기도 한다.

ESFJ

똑똑하고 합리적이지만 감정적인 인싸(인사이더라는 뜻으로, 각종 모임에 적극적으로 참여하면서 사람들과 잘 어울리는 사람) 스타일이다. 본인에 대한 확신과 고집이 있어 한 종목을 지나치게 오래 투자하거나 손절하지 않는다. 객관적인 정보나 타인의 의견을 고려하면서도 결국은 자신의 판단에 더 집착하는 편이다.

ESFP

꼼꼼하지만 자유로운 투자자. 대장주보다는 남들이 모르는 걸 발굴하는 것을 좋아한다. 대세를 무시하지는 않지만, 남들과 굳이 다른 길을 가려는 고집이 있어 폭등장에 인버스를 타거나 폭락장에 충분히 기다리지 못하고 서둘러 들어갈 때가 있다.

ENTJ

주식투자에 두 번째로 적합한 유형. 이성적이고 합리적인 자신에 대한 믿음이 있으면서도 더욱 발전하고 싶은 욕심이 많기에 귀가 얇은 편이다. 인정 욕구가 있어 수익을 크게 본 지인을 부러워하거나 열등감을 느낄 때가 많다. 충분히 잘하고 있음에도 더 큰 수익을 내야 한다는 마음에 실수를 하곤 한다.

🔴 ENTP

독립심이 강한 마이웨이 투자자. 조언이나 잔소리를 싫어하고 고집이 강하다. 양가감정이 있고 충동적이다. 때로는 소심했다가 때로는 공격적인 투자를 하는 등 이랬다저랬다 하는 성향이 있으며 질러놓고 후회하는 경향이 많다. 결정하기 전에 조금 더 숙고하고 실행에 옮기는 것을 추천한다.

🔴 ENFJ

지인이 준 정보에 혹해 충동적으로 주식을 매수하고 곧바로 후회하는 스타일이다. 자신에 대한 믿음과 확신이 부족해 주로 단타를 한다. 아침에 산 주식을 11시쯤 팔고, 매도 가격보다 훨씬 오를 경우 이성을 잃고 다시 산다. 패닉셀링, 패닉바잉을 주로 한다.

🔴 ENFP

절대로 주식을 하면 안 되는 도박형 스타일. 주식을 게임이나 바카라, 포커의 개념으로 받아들이고 대한다. 충동적이며 호기로운 한량이다. 큰 실패를 해도 단순히 운이 나빴다고 여긴다.

🔴 ISTJ

너무 안전하고 확실한 투자만 하려고 한다. 재무제표, 실적에 너무 집착한 나머지 테슬라 같은 위험이 동반된 성장주는 아예 한 번도 손대질 못한다.

🔴 ISTP

신중하고 완벽한 삶을 살다가 한 번씩 빈틈을 보이거나 무너질 때가 있다. 보통 소액 투자, 안전 투자를 하다가 가끔 말도 안 되는 한두 종목에 큰돈을 올인한다.

ISFJ

주식에 너무 관심이 없는 게 문제다. 투자보다는 예금, 적금을 선호하며 돈에 대한 욕심이 별로 없고 자유로운 기질이 있다. 남들이 다 주식으로 돈을 벌 때도 '나는 주식하곤 안 맞아'라고 생각하며 배제하는 편이다.

ISFP

이성적이지만 감정에 자주 휘둘리기 때문에 주변에 주식으로 성공한 사람들의 영향을 받아 뒤늦게 주식에 투자하거나 남의 말만 듣고 투자하는 경향이 있다. 대세 종목을 따르지만 고점에 들어가서 물리는 경우가 많다.

INTJ

냉정하게 기회를 보고 있다가 이거다 싶을 때는 주저하지 않고 투자한다. 그런데 문제는 너무 소액을 투자하거나 조금 올랐을 때 서둘러 이익 실현을 해버리는 등 불안한 상황을 마주하고 견디는 것을 싫어한다. −3%만 되어도 서둘러 손절하는 편이다.

INTP

냉정하게 기회를 보고 있다가 이거다 싶을 때 막상 주저한다. 생각이 너무 많아 결정장애가 있고 상상으로 투자를 많이 한다. 사려던 주식이 떨어지면, '봐 들어갔으면 큰일날 뻔했지'라고 생각하며 사려던 주식이 오르면 '뭐 어차피 많이 사지도 않았을 텐데'라고 생각한다.

INFJ

평소에 생각만 하던 것을 가끔 충동적으로 확 지를 때가 있다. 위험을 감수하기 싫어하면서도 안정적인 종목에 만족하지 못하는, 양가감정이 심한 스타일이다. 걱정과 불안이 심해 장기 투자를 다짐하지만 매번 실천하지 못하고 중간에 팔아버린다.

INFP

소심한 도박형 스타일. ENFP와 비슷하지만 인정욕구, 과시욕이 적어 많은 돈을 투자하지는 않는다. 때로는 이게 더 최악일 수 있는 게 ENFP는 무척 위험하지만 아주 가끔 초대박을 터트린다. 하지만 INFP는 그마저도 없다.

PART 2

멘탈을 이기는 투자

어허, 주가가 요동친다고
내 삶까지 요동치면 되겠는가?

한때는 생각했다. '열심히 공부하고 경험을 쌓으면 단기적 변동은 예측하지 못해도 중장기적인 큰 흐름은 어느 정도 예상할 수 있게 될 거야'라고. 재무제표를 열심히 읽고, 60일선, 120일선을 뚫어지게 보면 반등 곡선이나 하방 시그널이 눈에 보이고, 고점 매도, 저점 매수는 불가능해도 어깨에서 팔고 무릎에서 살 수 있는 사람이 될 수 있지 않을까?

이 모든 것이 허황된 착각이며 주식 앞에서는 한없이 겸손해야 한다는 것을 깨달았다. 누가 동해안 파도의 출렁임을 예상할 수 있겠는가. 주가도 마찬가지다. 아무런 이유 없이도 폭락할 수 있는 것이 주식이다. 심지어 어닝 서프라이즈(기업의 영업 실적이 시장의 예상치를 훨씬 초과하는 것) 실적 발표에도 불구하고 주가가 7% 이상 빠지기도 한다. 이럴 때 대체 어떻게 하면 내 마음을 다스릴 수 있을까? 주가가 요동을 쳐도 마음은 흔들리지 않고 내 삶을 유지하는 방법에는 어떤 것들이 있을까?

먼저, 어차피 이 돈은 내 것이 아니라고 생각해야 한다. 빅터 프랭클의 로고테라피라는 치료기법을 인용해 설명해보겠다. 그 치료기법에는 역설의도라는 방법이 있다. 이는 두 가지 기본 가설을 전제로 하는데 다음과 같다. 첫째, 마음 속의 불안이 실제로 두려워했던 일을 현실로 만든다. 둘째, 지나친 주의집중은 오히려 원하는 일을 불가능하게 한다. 불안이 과도해지면, 그 두려움으로 인해 비합리적인 판단을 내리거나 하지 않았을 실수를 반복하게 되고 그러다보면 실제로 나쁜 일이 생긴다는 이야기다.

신기하게도 이 이론은 주식투자를 하는 우리의 모습에 정확히 반영된다. 종일 주식 창을 들여다보면 돈을 잃을지도 모른다는 불안감에 자꾸 실수하게 된다. 장기 투자를 하기로 그렇게 맹세해놓고 사고팔기를 반복한다. 이것은 의지가 나약해서가 아니라 노르에피네프린의 과잉과 편도체의 과도한 활성이 전두엽의 기능을 떨어뜨리기 때문이다. 평소보다 10% 더 불안해지면 전두엽의 판단력과 계산적 사고, 통합적 수행 능력이 10% 떨어진다. 즉, 불안이 심해질수록 멍청해진다는 것이다. 돈을 잃지 말아야 한다는 과도한 걱정이 불안감을 높이고 이러한 집착이 하루 종일 주식 창에서 눈을 떼지 못하게 만든다. 집중하면 집중할수록 더 불안해지고 결국 비이성적인 실수를 하게 된다. 즉, 오래 쳐다볼수록 바보 같은 짓을 할 확률도 높아진다는 이야기다.

역설이론을 대입하면 그 치료법은 다음과 같다. <u>돈을 잃는 게 너무 두려워서 불안을 통제할 수 없다면, 차라리 돈을 다 잃었다고 생각해라.</u> 그렇다면 원금을 전부 포기하라는 말인가? 그게 아니다.

불안이 야기할 2차, 3차 실수를 방지하기 위해서 애초에 이미 돈을 다 잃은 상태라고 생각함으로써 뇌를 속이자는 것이다. 물론 이것만으로 불안이 완전히 사라지지는 않는다. 하지만 최소한 불안이 중첩되고 계속 쌓이는 것은 막을 수 있다. 최악의 상황을 상정하면 우리 뇌에서는 불안보다는 분노의 감정이 생기고 이 역동으로 인해 뇌의 각성 호르몬이 일부 생성되어 나온다. 즉, 임시방편이지만 패닉을 멈추고 한숨 돌릴 수 있는 시간을 벌 수 있다. 폭락장에서 초보자가 공황에 빠졌을 땐, 대응할 게 아니라 주식을 보지 말아야 한다. 최소한 하루 이틀은 아예 주식 어플, 네이버 증권 등을 쳐다보지도 말아야 하는데, 이게 마음처럼 쉽지 않다. 따라서 어렵겠지만 평소부터 가급적 '주식 계좌에 있는 돈은 내 돈이 아니다'라고 머릿속에 생각을 심어야 한다. 실제로 돈을 잃어도 상관없어서가 아니라 그 돈에 집착함으로써 낭비하는 에너지와 시간을 아끼자는 뜻이다.

투자는 이성적이고 합리적인 상태에서 해야 한다. 다 잃은 상태라고 가정하고 주식 창을 쳐다봐야 냉정하게 차트를 읽을 수 있고 대응할 수 있다. 물론 가장 좋은 방법은 주식에 투자한 돈을 아예 까먹고 몇 년 뒤에 계좌를 열어보는 것이다. 그렇게 하면 거의 대부분 수익을 얻을 수 있다. 만에 하나 몇 년 만에 까본 주식이 손실이 났더라도 그동안 무수히 낭비했을 에너지와 시간, 심적인 고통, 멘탈 붕괴를 생각했을 때 무조건 남는 장사다.

둘째, 일희일비하지 마라. 주식은 평생의 동반자다. 동학개미, 초보들의 특징 중 하나는 어제 산 주식이 오늘 5% 정도 오르면 세상을 다 가진 듯 행복했다가 내일 폭락하면 한없이 우울해진다는 것이다. 이런 조울증 상태로 투자에 임해서는 안 된다. 한두 번으로 자신이 주식 고수가 된 것처럼 거만해져서도 안 되고, 몇 번의 손실을 경험했다고 "난 똥손이야, 다시는 주식 안해"라며 자기 비하를 해서도 안 된다. 이러한 양극화된 지평에서 벗어나기 위해서는 그저 겸손하고 묵묵히 일기를 쓰듯, 주가 변동에 일희일비하지 않는 것이 중요하다.

초보자들이 대표적으로 착각하는 게 있다. 주식으로 빨리 돈을 벌어서 은퇴하거나 대박을 터뜨려 더는 투자를 하지 않겠다고 생각하는 것이다. 주식투자는 골인지점이 있는 경기가 아니다. 작년 수익률이 예상보다 훨씬 좋았다거나 목표 수익에 도달했다고 해서 주식투자를 그만둘 이유는 전혀 없다.

부동산을 매입하거나 개업을 하거나 가정사로 큰돈이 필요한 경우, 상황에 맞게 비중을 줄이거나 잠깐 투자를 쉬어가기도 한다. 하지만 기본적으로 주식은 그저 평생을 함께, 친구처럼 의지하며 가는 것이다. 내가 운영하는 주식 클리닉에 방문하는 이들은 하나같이 이렇게 말한다.

"선생님, 제가 다시 주식을 하면 사람이 아닙니다. 저 좀 말려주세요." 마치 도박이나 술에 중독된 양, 하루 빨리 주식을 끊어야 한다고 생각하는데 이것은 이성적인 접근이 아니다. 주식이 왜 나쁜가? 몇 번의 실수로 손실을 보았다고 평생 투자를 회피하고 살 수는 없다. 어차피 당신은 다시 주식을 들여다보게 되어 있다. 끊어야 할 것은 주식이 아니라, 어리석은 방식으로 투자하는 습관이다. 당신의 성격, 투자성향, 여유자금, 직업적 특성, 가족 환경 등을 고려해서 다양한 투자방법 중 어떤 것을 선택할지를 결정하고, 여유자금의 10~30% 중 얼마만큼 묶여도 좋은지를 숙고해야 하는 것이지, 투자 자체를 할지 말지 고민할 필요는 없다. 당신의 인생이 그러하듯, 투자의 길고 긴 여정에서도 무수한 실패와 성공, 희로애락을 필연적으로 겪을 것이다.

셋째, 돈은 잃어도 시간을 잃어서는 안 된다. 주식투자로 번아웃과 불안증세, 우울증에 시달리다 보면 종일 주식 창만 보면서 살게 된다. 아침 9시부터 오후 3시까지 그리고 밤 11시 30분부터 새벽까지, 하루 절반 이상을 조그만 스마트폰 화면에 갇힌 채 괴로워하다 불면증까지 생긴다. 2020년 코로나 시대를 거치면서 재택근무가 늘어나고 친구들과 모임이 어려워지자 이러한 사람들이 훨씬 늘었다. 주식투자를 하면서 가장 조심해야 할 점은 어차피 매수, 매도할 것도 아니면서 '올랐나? 올랐겠지?'라며 하루에도 수백 번 주가를 확인하는 것이다. 이러다 보면 당신의 일상은 무너진다. 본업과 직장 일에 집중하지 못하고 근무태도와 인사고과는 점점 하락한다.

대인관계는 어떨까? 더 심각하다. 퇴근해서도 주식만 보느라 육아를 등한시해서 가정에 불화가 생기거나, 여자친구와 데이트하면서도 전혀 집중하지 못한다. 추천받은 종목이 떨어진 것을 두고 친구나 지인 탓을 하다가 우정이 깨지기도 하고, 괜히 엄한 가족에게 화풀이하기도 한다.

인생에서 가장 소중한 자산은 돈이 아니라 시간이다. 주식투자를 하는 이유도 결국은 노후에 노동으로부터 벗어날 수 있는 경제적 자유를 획득하기 위함이다. 즉, 시간이라는 재화를 마련하는 것이 최종 목표다. 모순적이게도 우리는 주식투자에 과도하게 집착한 나머지 소중한 시간들을 낭비하고 손가락 사이로 흘려보내고 만다. 다양한 공부와 경험으로 자신을 발전시켜야 할 시간에 주식에만 몰두하느라 타이밍을 놓치기도 하며, 연인 혹은 가족들과 함께 보내야 할 시간에 건성으로 임하기도 한다. 주식이 잘될 때는 세상 다정하고 여유로운 남편이었는데, 폭락하고 있을 때는 사소한 일에도 버럭 하는 사람들이 너무나 많다. 금쪽같은 시간을 돈 버는 일에만 소비해서는 안 된다. 가장 소중한 우량주는 바로 자기 자신이며, 내 일상의 행복이 투자의 안정성을 지탱하는 법이다.

몇천만 원 혹은 몇억을 잃는다 해도, 돈을 다시 벌 수 있는 기회는 다시 온다. 하지만 당신의 시간과 순간은 돌아오지 않는다. 돈에 집착하면서 소중한 인연을 놓쳐버린 적은 없는지, 사랑해야 할 이들을 상처받게 하고 십년지기 친구들을 실망시킨 적은 없는지 돌아보자. 현명함과 인내는 여유와 안정감에서 나온다. 일상이 행복하고 안정된 사람은 똑똑한 투자자가 될 가능성이 훨씬 크다. 누구에게나 하루는 24시간이다. 다만 과거에 얽매이지 않고, 주어진 시간을 낭비하지 않는 이들의 시간은 조금 더 느리게 간다. 그들에게는 그만큼의 추가적인 기회가 열려 있는 것이다. 행복과 성공의 열쇠는 오직 시간 안에 있다.

도파민형 투자자
VS. 세로토닌형 투자자

도파민은 우리 뇌의 신경전달물질 중 하나다. 정확히는 중뇌(Midbrain)에 흑색질, 복측피개영역, 시상하부의 활꼴핵에 위치한 뉴런에서 분비되는 물질이다. 복잡하고 어려운 내용 말고 가장 중요한 부분만 쉽게 설명하자면, 도파민은 우리 몸을 움직이는 에너지라고 생각하면 된다. 자동차로 따지면 기름, 휘발유와 같은데 우리가 느끼는 열정, 정력, 활력 등이 도파민에 의해 좌우된다. 그리고 신선하고 새로운 자극에 의해 강한 쾌감을 느낄 때 뇌에서 나오는 호르몬이 바로 도파민이다.

도파민형 투자자는 몇 번의 경험을 통해 얻은 강렬한 자극을 잊지 못한다. 우리 몸에는 불안과 공포를 담당하는 편도체라는 기관이 있는데 도파민형 투자자들은 이 편도체가 제대로 작동하지 않는다. 쾌감을 바라는 기대감이 불안을 마비시키기 때문이다. 변동성이 큰 위험한 종목을 선택하거나 상한가 따라잡기 등을 할 때 '혹시 폭락하면 어쩌지? 잘못되면 어쩌지?' 하는 두려움보다는, 몇 시간 만에 수백만 원을 벌었을 때의 폭발적인 도파민과 아드레날린의 분출이 해마체의 최근 목록에 당당히 각인된 것이다. 따라서 이들은 위험을 회피하지 않고 즐긴다. "하이리스크 초 하이리턴"을 외치며 오히려 위험한 투자 방식만을 찾아서 시도하기도 한다. 스마트폰 어플에 급등주 검색기가 깔려 있다거나 선물 옵션·초단타매매를 즐기는 사람, 거래정지나 투자주의 종목을 골라서 투자하는 이들은 전형적인 도파민형 투자자다.

이러한 성향을 '자극 추구형'이라고 하는데 항상 새로운 자극을 추구하고 모험에 도전하는 사람들이다. 성격을 형성하는 기본 요소 중에 누구나 새로움 추구(Novelty Seeking) 성향을 갖고 있다. 이와 반대되는 성향이 위험 회피(Harm Avoidance)로, 이 두 가지 성향의 비중과 우세에 따라 투자 성격이 도파민형과 세로토닌형으로 나뉜다.

세로토닌이란 역시 신경전달물질 중 하나인데 도파민과 정확히 반대의 작용을 한다고 보면 쉽다. 도파민이 사람을 흥분시키고 텐션을 높이는 호르몬이라면 세로토닌은 들뜬 사람을 안정시키고 차분하게 달래주는 역할을 한다. 또한 어떤 일을 할 때 생기는 불안감과 두려움을 줄여주는 작용을 하기 때문에 우리 몸에 반드시 필요한 물질이다.

세로토닌형 투자자들은 안정을 추구하고 위험을 회피하는 성향을 가진 사람들이다. 따라서 이들의 편도체는 도파민형 투자자와 달리 항상 예민하게 깨어 있다. 주식투자를 한다는 것 자체가 이들에게는 위험한 일이며 손실을 볼 가능성이 있음을 항상 반복적으로 상기시키는 셈이다.

본인이 가진 주식이 급등하는 경우 세로토닌형 투자자들은 기쁨보다 불안이 앞선다. 쾌감보다 위험신호가 뇌를 지배하기 때문이다. '왜 갑자기 오르는 거지? 언제 떨어질지 모르니 너무 기대하지 말자. 저번에도 이러다 다시 폭락해서 실망했잖아. 아 어쩌지, 아예 주식 창을 보지 말까?' 등의 생각에 안절부절 못하며 잠을 설친다. 세로토닌형 투자자들은 그저 조금씩 안정적으로 주가가 천천히 오르는 것을 가장 좋아하며 변수와 유동성을 불편하게 여긴다. 간단하게 비교하자면 도파민형 투자자는 '도박형 투자자', 세로토닌형 투자자는 '적금형 투자자'라고 보면 이해가 쉽다.

세로토닌형은 강한 자극과 쾌감보다는 가늘고 길게 오래가는 것을 선택하기 때문에 주로 중장기 투자를 하며 삼성전자나 구글, 배당주 같은 안정적인 종목을 선호한다. 레버리지 ETF나 선물 옵션은 쳐다보지도 않으며 비트코인 투자자들을 미쳤다고 여긴다. 신용미수나 빌린 돈으로 주식투자를 하는 경우가 절대 없으며 항상 자신이 가진 여유 돈의 일부만 주식에 투자한다. 이들은 한두 종목에 올인하지 않으며 주식, 채권, 금, 달러, 부동산 등에 분산투자하는 포트폴리오를 짜야만 안심하고 발 뻗고 잘 수 있다.

그렇다면 어떤 성향이 투자자로서 성공할 가능성이 더 클까? 압도적으로 세로토닌형 투자자의 수익이 크다. 물론 2020년 3, 4분기 같은 때만 놓고 비교하면 도파민형 투자자의 수익률이 앞설 때도 있지만 10~20년의 차트를 그려보면 비교도 안 될 만큼 세로토닌형 투자자가 안정적이고 성공 가능성이 높다. 도박형 투자자들의 기대수익률은 보통 100~200%다. "최소 두 배는 먹어야지. 묻고 더블로 가!" 이렇게 말하는 게 보통이며 디테일에 무척 소홀하다. 재무제표는커녕 차트도 볼 줄 모르는 이들이 많다. 그래도 운이 좋으면 돈을 벌 수 있다고 생각한다. 마치 바카라처럼 주식을 하는 것이다.

이들의 방식으로 폭등장에서는 엄청난 수익률을 얻기도 하지만 애초에 정확한 목표가를 정해둔 게 아니기 때문에 실제로 이익을 실현하는 타이밍이 무척 늦다. 또한 분할매도, 고점매도, 시초가 혹은 시장외종가, 시장외단일가 등 다양한 방식으로 접근해서 이익을 조금씩 늘리는 전략에 관심이 없다. 그저 계속 오르겠지 하고 기다리다 한두 차례 조정이 오면 그제서야 판다.

도파민형 투자자들의 방식으로는 폭등장 때 최소한으로 먹고, 폭락장 때 최대한으로 잃기 십상이다. 게다가 도파민은 무척 빨리 고갈되는데 폭등장에서는 세상 기쁘고 즐거우며 텐션이 높다가 폭락장에서는 완전히 다른 사람이 되는 것도 그 때문이다. 감정 기복이 심해지고 우울해진다. 그 자신감 넘치고 당당하던 투자자는 어디 가고, 하루아침에 소심한 어린아이가 되어 발을 동동 구르고 있다.

　세로토닌형 투자자들은 감정 기복이 심하지 않다. 폭락장이든 폭등장이든 거의 비슷한 자세로, 사람 자체가 박스권에 갇혀 지내는 것마냥 예측 가능하고 안정적이다. 극도의 쾌감이나 100% 수익률은 없지만 변수를 최소화하기에 큰 손실도 거의 없다. 상장폐지가 될 만한 위험한 종목은 거들떠보지도 않고 묵묵히 방망이를 깎는 노인처럼 삼성전자 같은 주식을 5만 원에 사서 6만 원에 판다. 5만 원에 산 주식이 4만 5,000원까지 떨어졌다고 당황하지 않고, 6만 원에 판 주식이 6만 6,000원까지 올랐다고 아까워하지 않는다. 어차피 지나간 기회에 목매지 않고 안정적이고 소소한 수익의 기회를 다시 찾는다. 그리고 이것을 반복한다. 재미없고 지루하지만 정말로 안정적인 방식이다.

　물론 100% 도파민형이나 100% 세로토닌형은 존재하지 않는다. 그게 8대 2냐, 7대 3이냐 하는 비율의 문제인데 사람에게는 누구나 위험한 자극을 즐기는 본능, 도박에 대한 호기심이 있다. 부끄럽지만 나 또한 2016년까지는 극단적인 도파민형, 도박형 투자자였다. 안정지향적인 삶만 추구해오던 일상의 나와는 다르게 위험한 줄타기 같은 투자를 하면서 쾌락과 해방감을 느꼈다. 오랜 기간 억눌려 왔던 욕구와 도파민들이 보상기전과 반동형성(받아들일 수 없는 충동이나 욕구로부터 벗어나기 위해 그와 정반대되는 행동을 하는 것)을 통해 한 번에 분출되었고, 불행히도 그 쾌락의 끝엔 냉혹한 현실이 기다리고 있었다.

　큰 깨달음을 얻고 난 2021년, 나는 세로토닌 9, 도파민 1 정도의 투자를 하고 있다. 예전에는 한 번에 1,000만 원씩 매수했는데 지금은 100~200만 원씩 분할매수한다. 기본적으로는 세로토닌형 투자의 기조를 유지하되 장의 변동성에 따라 때로는 6대 4 정도로 조금 공격적인 투자를 할 필요도 있다. 2020년 4월 코스피가 1400을 찍었을 땐 당연히 도파민형 투자가 필요한 시점이었다. 하지만 그 어떤 때라도 전체 투자액의 절반 이상을 도파민형 투자 방법으로 접근해서는 위험하다.

우리는 재미가 아닌 실익을 추구해야 하며 도박이 아닌 투자를 해야 한다. 지루하고 재미없더라도 매년 3~5%씩 자산을 꾸준히 늘리는 것이야말로 가장 성공적인 투자다. 그렇게 1년을 기다리다 보면 분명히 한두 번 정도 누구나 인지할 수 있는 큰 기회가 온다. 그때 단기적으로 추가 수익을 내는 것이다. 6~8% 정도라면 충분하다. 더 바라는 건 지나친 욕심이다.

도파민형 투자자가 혼합형 혹은 세로토닌형 투자자로 변하기 위해서는 인지 치료가 필요하다. 나는 줄넘기를 하고, 운동을 하며 인내심을 길렀다. 상한가를 쳤을 때의 쾌감과 흥분의 기억이 도저히 사라지지 않아 몸이 근질근질할 때는 롤(리그오브레전드)을 하면서 주식을 안 보려 노력했다. 미래에셋지점과 은행을 수십 번 방문하며 애널리스트, 재무전문가와 상담해 안정적인 포트폴리오 수업을 들었다. 모든 제안을 실행했던 것은 아니지만 그저 전문가의 조언을 듣기만 해도 끓어오르는 도파민과 모험심을 다스리는 데 도움이 되었다. 마치 정신과 치료를 받은 것처럼 효과는 상당했다. 그 결과, 단타가 아닌 중장기 투자 전략을 세울 수 있게 되었고 한 달에 한두 차례만 매수나 매도를 하게 되었다. 나머지 시간과 에너지는 온전히 본업과 일상에 집중하며 나 스스로를 발전시키는 데 쓰고 있다. 그것이야말로 주식보다 더 중요한 투자란 사실을 비로소 깨달았기 때문이다.

욕망을 다스리는 뇌로 거듭나는 법

주식투자자들의 마음을 헤아리고자 한다면 소유욕, 돈을 향한 집착, 욕망을 통제하기가 왜 이렇게 어려운지부터 이해해야 한다. 먼저 '중독'이라는 개념에 대해 알아보자. 중독이란 어떤 일을 했을 때 나쁜 결과가 생길 것을 충분히 예상하면서도 그것에 반복적으로 집착하는 것을 말한다.

우리가 흔히 알고 있는 담배, 술, 마약 같은 사례들은 물질 중독의 범주이며 도박, 쇼핑, 섹스, 인터넷, 게임 등을 한데 묶어 행위 중독이라고 한다. 행위 중독 중에서도 현재 가장 대중적이고, 한 개인의 사회적 능력에 큰 손상을 줄 수 있는 것이 바로 '주식 중독'이다.

2020년 12월 코스피가 2800을 터치하고 미 연방공개시장위원회(FOMC)가 금리를 몇 분기 연속인지도 모를 만큼 동결하면서 시장에 돈이 무제한으로 풀리자 그야말로 개나 소나 주식에 투자하는 시대가 오고야 말았다.

코로나19 이전에는 주식 말고도 할 것이 많았다. 여행, 운동, 맛집 투어, 스포츠 경기 관람…. 일상의 스트레스를 환기하고 흥분을 느낄 것들이 다양했다. 지금은 어떠한가? 허락된 것이라곤 오직 넷플릭스와 주식뿐이다. 심지어 세상에서 중국인 다음으로 도박을 좋아한다는 한국인들에게 마카오는커녕 좁아터진 강원랜드조차 못 가는 상황이 와버렸고, 스포츠 경기 역시 줄어들어 스포츠 토토조차 하지 못하게 되었다. 욕망이 꿈틀거리는 이들에게 이참에 "명상과 마음챙김으로 욕망을 다스리세요"라는 소리가 귀에 들어올 리 없다. 이들에게 남은 것은 돈을 불리는 재미, 돈을 따는 즐거움뿐이다.

과거에는 투자 방식이 다양했다. 부동산, 채권, 달러, 금, 주식 등 각자의 자산에 맞춰 균형 있는 포트폴리오를 계획할 수 있었다. 하지만 모두가 알다시피 2020년 말, 부동산 투자에 무차별적 세금과 제약이 부과되고 다주택자를 죄인 취급하는 풍조가 싹텄다. 심지어는 무한 전세연장법이니 건물주 임대료 멈춤법 같은 신출귀몰한 법까지 거론되자, 그야말로 투자 수요가 얼어붙었다. 또한 부동산 대출 규제를 통해 실로 찐 부자(진짜 부자)가 아니라면 서민이 서울 혹은 경기도 아파트에 갭투자로 자산을 불리는 것은 물리적으로 불가능해졌다.

달러는 2021년 3월 12일 기준 1,134원으로 고점이던 2020년 3월 대비 12.5% 폭락했다. 2020년 8월 초 그램당 7만 8,000원이던 금은 2021년 3월 12일 기준 6만 2,600원으로 20% 떨어졌다. 금과 달러는 더 이상 안전자산이 아니게 되었다.

이제 남은 것은 오직 비트코인과 주식뿐이다. 그러나 이미 2017년 말과 2018년 비트코인으로 수천만 원 혹은 수억 원씩 날려본 트라우마가 있는 이들은 이미 개당 6,000만 원을 훌쩍 넘은 비트코인에 투자할 용기가 없다. 해마체에 박혀 있는 이 공포감을 생각하면 오직 주식밖에 남은 선택지가 없는 것이다. 주식투자로 크게 실패해도 대부분의 사람들이 주식투자를 또 한다. 왜일까? 주식은 종목이 수천 가지이기 때문이다. 이번에는 다를 것이라는 근거 없는 희망이 불안과 이성적인 마음을 억누른다.

물론 도파민형 인간이 아니라 세로토닌형 인간의 경우, 이러한 투자 자체를 피하는 손해 회피(Harm Avoidance) 성향을 가지고 있기도 하다. 투자에 전혀 관심이 없는 소심한 사람, 이제 막 스무 살이 된 학생들은 주식에 관심이 없다. 실제로 돈을 잃는 것은 굉장한 두려움이니까. 은행에 그대로 돈을 넣어두면 적어도 잃지는 않으니 말이다.

하지만 코로나19라는 거대 변수가 우리에게 압도적인, 절대적인 지루함을 주었다. 재미를 느낄 만한 것이 없다. 배달의민족, 쿠팡이츠, 넷플릭스가 유일한 유희이던 시기가 1년 가까이 지속되자 사람들의 인내심은 깡그리 바닥났다. 재택근무와 육아로 지치고, 한 달 내내 친구와 약속 한 번 잡을 수 없는 단절된 환경. 아아, 코로나 장기화는 드디어 대한민국 모든 사람의 무의식 속에 눌려 있던 욕망의 문을 열어버렸다. "심심해서 주식 좀 해봤어" 하는 시대가 오고야 만 것이다.

인간의 욕망을 다스리기 위해서는 먼저 욕망의 회로에 대해 알아야 한다. 욕망의 회로는 우리 뇌의 배쪽피개영역(Ventral Tegmental Area)에서 시작해 측좌핵(Nucleus Accumbens)에 이르는 보상회로(Reward Pathway)를 말하는데, 이 보상회로를 통해 도파민신경계가 지나가고 쾌락, 욕망, 흥분을 조절한다. 쉽게 이야기하면 한 번 이 회로가 뜨거워지고 지나치게 자극되면 인간의 나약한 마음으로는 아무리 노력해도 절제할 수 없는 욕망의 노예가 된다는 의미다. 그것이 바로 중독이다.

도파민이 뿜어져 나오는 그 순간의 쾌감이 해마체에 각인되면 파블로프의 개처럼 그 쾌감 자극에 익숙해져 내성이 생긴다. 더욱 강한 자극만을 찾고, 이전과 비슷하거나 약한 자극으로는 즐거움을 느끼지 못하는 상태가 된다. A라는 종목에 1,000만 원 정도를 투자했는데 어느 날 상한가를 쳤다면, 다른 어떤 유희로도 이것을 대체할 수 없게 된다는 뜻이다. 술, 게임, 스포츠는 물론 도박으로도 느낄 수 없는 이 강렬함은 이후에도 오직 주식투자를 통해서만이 느낄 수 있다.

주식 중독에 빠진 보상회로를 안정시키기 위해서는 무엇이 필요할까? 타인의 조언? 인내심? 아니다. 카지노에 빠진 사람이나 마약의 맛을 알아버린 사람들은 파산하거나 몸을 망치기 전까지 다른 사람의 조언이 귀에 들어오지 않는다. 중독의 브레이크인 전두엽이 마비된 상태이기 때문이다. 사실 자신의 욕망을 제대로 컨트롤할 수 있는 사람이 몇이나 되겠는가? 공자님이나 종교인이 아닌 이상 인간은 기본적으로 욕망에 지배당하는 삶을 산다. 이 어려운 일을 우리는 해내야만 하는데 그렇게 해야 수익을 낼 수 있기 때문이다. 물론 주식을 하루 이틀만 한다면 극도의 도파민형 투자자도 큰 수익을 올릴 수 있겠으나, 장기적으로 볼 때 대부분 파멸할 뿐이다. 한 번이라도 상한가를 맛본 사람이 삼성전자 주식을 사서 2~3%의 수익에 만족하는 일은 불가능하다. 투자액과 목표 수익률은 계속 높아지며, 언젠가는 쓰라린 실패를 경험해야만 한다. 필연적인 수순이다.

따라서 도파민에 취한 이들에게 필요한 것은 이성적이고 합리적인 조언이 아니라 물리적으로 중독을 쉬어갈 수밖에 없는 강제력, 이른바 '욕망의 휴게소'다. 조건 반사처럼 자극과 쾌감의 고속도로를 달리는 것이 아니라 자극을 수용하고 욕망을 다스릴 수 있는 정류장이 필요하다. 이를 위한 실용적인 방법은 다음과 같다.

- 주식 계좌 하루 이체 한도액을 1,000만 원으로 설정함으로써 올인을 미연에 방지하고, 분할매수를 할 수 있도록 준비한다.
- OTP 생성기를 집에 두고 다닌다.
- 사려고 마음 먹은 뒤 24시간 후에 매수하라. 그 사이에 상승분은 애초에 당신 돈이 아니니 아까워하지 말자. 그 마음이

실수를 낳는다.
- 주식을 살 때 '최소 두 명과 의논한 뒤 매수한다'라는 식의 조건을 붙이는 것도 좋은 방법이다.
- 밥을 먹거나 당을 보충한 뒤 그 주식을 사거나 팔지를 한 번 더 고민한다. 지금 당신의 뇌가 굶주림이나 식욕으로 인해 보상회로가 너무 공격적으로 달아오른 건 아닌지 확인해야 한다. 때때로 우리의 뇌는 돈에 대한 소유욕, 식욕, 성욕이 뒤섞이는 바람에 원인을 정확히 모른 채 충동적인 결정을 내릴 때가 있다. 내가 지금 무엇에 굶주려 있는지 헷갈리는 때가 많다는 것이다. 이럴 때에는 1차적인 욕구를 먼저 해결한 뒤 뇌가 이성적이고 합리적으로 작동할 수 있는 시간을 벌고, 다시 생각해보는 것이 좋다.

자책과
되새김질

"그때 테슬라를 샀어야 했는데 말이야."
"그때 그 종목을 팔지 말았어야 했는데."

주식투자를 하면서 우리가 매번 하는 말들이다. 오늘 아침 손절한 주식이 점심에 상한가를 치거나 폭등하던 주식이 매수 직후부터 무서운 속도로 폭락하면 성인군자라도 멘탈을 바로잡기 힘들다. 가장 자괴감이 들고 괴로운 순간이다.

사실 주식투자를 하면서 우리를 가장 힘들게 하는 것이 바로 자책과 되새김질이다. 아예 몰랐던 정보나 관심이 없던 종목에 대해서는 우리가 크게 아쉬워하지 않다가도 살까 말까 고민했던 주식이 상한가를 기록하면 마치 큰돈을 잃은 것처럼 속이 쓰리고 한숨이 나온다.

우리는 왜 이미 지나간 일에 대해서 굳이 자책하는 걸까? 아무리 후회한들 어차피 시간을 돌릴 수 없다는 걸 알면서도 아무런 이득도 없는 되새김질을 하는 이유는 뭘까?

첫 번째는 우리가 결과론과 후견 편향의 오류에 쉽게 빠지기 때문이다. 사후 평가는 언제나 늘 정확하기 마련이다. 이미 결과를 알고 나서 "아, 왠지 오를 거 같았는데" "거봐 오를 거라고 했잖아"라는 말은 누구나 할 수 있다. 초보 투자자들은 항상 결과론에 집착하면서 되새김질을 하곤 하는데 이들 중에는 보통 자존감이 낮은 사람들이 많다. 정말 아무런 의미가 없는데도 과거를 반추하며 이를 곱씹는 이유는 '그럴 줄 알았어! 내 예상이 맞았구나. 나는 사실 꽤 똑똑한 사람이야'라는 자기 확신감을 느끼고 싶어서다. 주식투자에서 실제 행동으로 이어지지 않은 모든 예측은 시간이 지나가면 다 결과론일 뿐이다. 당신이 그 주식을 매수하지 못한 것은 운이 나빠서가 아니라, 확신의 정도와 실행력이 부족해서다. 따라서 타임머신을 타고 몇 번을 과거로 돌아간다고 한들 똑같은 이유로 사지 않을 것이다. 즉, 아쉬워할 이유가 전혀 없다.

후견 편향의 위험에 대해서 심리학자 롤프 도벨리는 "사후 확신 편향은 우리로 하여금 자신이 훌륭한 예언가라고 믿게 만들기에 무척 위험하다. 우리를 오만하게 만들 뿐만 아니라 그릇된 판단으로 인도하기 때문이다"라고 이야기했다.

현명한 투자자는 절대 결과론에 빠져서 시간을 허비하지 않는다. 그들은 항상 현재와 미래를 주시한다. 이미 놓친 종목을 아쉬워할 시간에 좋은 종목을 또 놓치지 않기 위해 온 신경과 에너지를 집중한다. 그들은 자책이 아닌 반성을 할 뿐 과거에 얽매이지 않는다. 즉, 자책의 가장 나쁜 부작용은 시간, 에너지, 엔트로피가 과거에 정체되어 있게 만들고 치열한 반성이 아닌 "역시 내가 맞았어. 거의 성공할 뻔했잖아"라는 왜곡된 자기 확신을 하게 만드는 것이다. 따라서 후견 편향에 빠져 있는 이들은 이후에도 똑같은 실수를 반복할 수밖에 없다.

두 번째는 자책과 되새김질이 뇌의 본능이기 때문이다. 우리 뇌는 불안이나 우울감 같은 감정이 생기면 기본적으로 이 감정을 인지적으로 수용하고 이해하려고 노력한다. 일종의 뇌가 스스로 하는 자가 치료 혹은 방어기전인 셈인데 모든 병의 치료를 시작하려면 진단이 가장 중요한 것처럼 뇌가 스스로 관찰자이자 의사 역할을 하는 것이다.

뇌는 그 감정을 정확히 알고 대책을 세우고자 여러 번 확인하고 되새김질한다. 이것을 전문 용어로 반복적인 반추(Repetitive Regurgitation)라고 부른다. 문제는 우리의 뇌가 행복하고 긍정적인 감정에 대해서는 그다지 되새김질의 필요성을 느끼지 못하고 불안, 우울, 분노 같은 부정적인 감정에 대해서만 이 과정을 반복한다는 점이다.

행복, 기쁨, 안정감 같은 것들은 우리의 생명에 위협을 주지 않는 반면, 공포, 극심한 불안과 좌절, 분노 등의 감정은 생존과 직결돼 있기에 뇌가 훨씬 민감하고 기민하게 반응한다. 현명하고 성숙한 사람이라면 뇌, 정확하게는 대뇌의 전전두엽이 이 부정적 감정들을 분석하고 반복적으로 복습하는 과정에서 이성적이고 합리적인 사고, 차분함을 얻을 수 있다. 또한 부정적인 감정들을 다룰 수 있는 해결책을 해마체에서 찾아낸다. 거기에 과거의 경험과 기억이 녹아 있기 때문이다.

하지만 당신이 초보자이거나 현재 어떤 이유(이별, 이혼, 사별, 교통사고, 트라우마 등)로 뇌의 균형이 안정되어 있지 못한 상태라면 전전두엽이 제대로 기능하기 어렵다. 해마체에서는 해결 방법이 아닌 나쁜 기억들만 소환해낼 것이고, 뇌의 회로는 공회전을 하면서 헛바퀴를 돈다. 이성적인 사고 대신 충동과 감정만이 넘치고, 불안해질 수밖에 없다. 즉, 불안으로 인해 합리적인 사고가 불가능해지고 이 과정에서 더욱 불안해짐으로써 악순환이 계속된다. '자책과 되새김질 → 부정적인 감정의 심화 → 또 자책' 하는 이 패턴이 무한반복되는 것이다.

이러한 뇌의 왜곡된 사고 과정과 자책에서 벗어나기 위해서는 인지적 개입, 즉 인지 치료가 필요하다. 인지 치료의 첫 시작은 우리가 흔히 경험하는 인지적 오류들, 나도 모르게 무의식적으로 하게 되는 실수들을 정확히 인식하는 것부터다. 그렇다면 다음 장에서 우리가 현명한 투자자가 되기 위해 극복해야 할 인지적 오류들에 대해서 함께 공부해보도록 하자.

투자자들이 겪는
인지적 오류 열 가지

정신과 의사이자 인지 치료의 아버지라고 불리는 아론 벡 박사는 우리가 생각하는 과정에서 흔히 열 가지의 오류를 범한다고 말했다. 나는 내가 무척 이성적이고, 냉정한 투자자라고 착각한 적이 있었다. 또한 정신과 의사로서 벡의 이론을 누구보다 잘 알고 있었기에 실수하지 않을 거라 생각했다.

그러나 어떤 지식을 단순히 알고만 있는 것과 숙고의 과정을 거친 후 그 내용을 진짜 자신의 것으로 만드는 일은 무척 다른 차원의 이야기다. 부끄럽지만 나는 숱한 투자 실패와 시행착오에서 다음의 열 가지 인지적 오류를 모두 경험했음을 고백한다. 부디 여러분은 나를 반면교사 삼아 같은 실수를 하지 않길 바란다. 처절한 실패의 고통과 그 이후의 절절한 숙고의 과정을 거치고 나서야 진짜 깨달음이 온다는 것을, 나는 너무 비싼 수업료를 내고서야 알았다.

1) 임의적 추론, 최근에 떨어졌으니 이젠 오르겠지

믿기 어려운 일이지만, 1,000만 원 이상의 큰돈을 오로지 감으로 투자하는 이들이 너무도 많다. A 주식이 고점 대비 많이 떨어졌으니 지금 들어가면 오른다고 생각하는 것이다. 얼핏 보면 근거가 있어 보이지만 전혀 그렇지 않다. 이 주식이 더 떨어질지, 반등할지는 아무도 모른다. 결정에는 근거가 필요한데 30일선, 60일선이 다 무너진 주식을 아무 생각 없이 고점 대비 낙폭이 크다는 이유 하나만으로 안심하고 사거나 전문가 리포트에서 중립이나 매도 의견이 우세해도 이를 가볍게 무시하는 경우다. 이 같은 투자는 그냥 눈을 감고 다트를 던져 꽂히는 회사에 투자하는 것과 다를 바가 없다.

투자가 아닌 일상생활에서 예를 들자면, 카톡을 보냈는데 1시간 동안 답이 없다고 해서 상대방이 나를 일부러 피하고 있다고 단정짓는 것이다. 다양한 경우의 수가 있음에도 불구하고 이러한 결론을 성급히 내리는 것은 자신의 선입관 때문인데 정작 본인은 그것을 깨닫지 못한다.

2) 의미 확대와 의미 축소, 나는 주식의 신이다

어떤 학생이 딱 한 번 결석했는데 그 학생을 게으르다고 판단하는 것이 지나친 의미 확대에 해당한다. 반대로 서울대에 입학한 수험생을 그저 "운이 좋았겠거니"라고 무시하는 게 의미 축소의 오류다. 나 또한 그랬다. 처음 샀던 주식 송원산업, 삼성정밀화학, 안랩에서 모두 10~20% 수익이 나자 '나는 주식의 신이야'라고 생각했다. 몇 달 후 사는 주식마다 30% 이상 손실이 났음에도 이번에는 '운이 나빴을 뿐이야'라면서 그 의미를 과소평가한 것이다. 이렇게 선택적으로 현상의 의미를 부풀리고 축소하는 이유는 무엇일까? 메타인지 때문이다. 뇌의 변연계 깊은 곳에는 우리의 무의식과 진짜 속마음이 있다. '결과에 관계없이 계속 주식투자를 하고 싶다'는 충동이 전두엽을 지배하고 있었기에 나의 이성이 그 욕망을 제어하지 못하고 나 자신을 속이기 시작한 것이다. 작은 성공에 취해서 자신의 행동에 당위성을 부여하고, 정작 깊게 반성해야 할 큰 실수에 대해서는 별 것 아니라며 무시해 버린다.

3) 선택적 추상화, 빅히트는 무조건 오른다

다른 중요한 요소는 무시한 채 사소한 부분에 초점을 맞추고, 그 부분만 가지고 전체를 판단하는 것이다. A 치과는 강남역에 있으니 훌륭한 병원이 분명해! 옳은 판단일까? 근거 없는 주장은 아니다. 월세가 비싼 강남역에 있으니 그만큼 깔끔하고 세련된 인테리어를 구비하고 있을 수도 있다. 하지만 정작 중요한 건 의사의 실력이나 성품, 환자들의 후기, 직원들의 친절도, 강남역에서 몇 년째 병원을 유지하고 있는가 등이다. 더 중요한 기준들을 다 무시하고 자신이 알고 있는 정보 하나만으로 전체를 판단하는 어리석음을 주식투자에서 너무 자주 목격한다.

멀리 갈 것도 없다. BTS라는 아이돌만 믿고 빅히트 엔터테인먼트에 상장 첫날 모든 것을 올인한 사람이 너무나도 많다. 심지어 BTS의 노래조차 들어보지 않은 중년 아저씨, 할머니들도 'BTS는 유명하다' '미국에서도 1위를 했다' '빅히트는 무조건 오른다'는 논리의 함정에 빠졌다. 상장 종목을 살 때 반드시 확인해야 할 오너리스크나 의무보유확약, 차익실현매물 예측 같은 필수적인 정보를 전혀 염두에 두지 않은 것이다.

내 친구는 빅히트 상장 첫날 따상(신규 상장 종목이 첫 거래일에 공모가 대비 두 배로 시초가가 형성된 뒤 가격제한폭까지 올라 마감하는 것을 뜻하는 시장 속어)에 300주 매수 대기를 했다. 장 개시 10분도 되지 않아 상한가가 풀리고 매수가 체결되자 친구는 환호하며 기뻐했다. 9시 11분쯤 내게 "최소 3연상은 가겠지?ㅎㅎ 바보같이 누가 던졌냐"라는 카톡을 보냈다.

아주 약간의 이성만 있었어도, 상한가 따라잡기를 한 번이라도 해본 사람은 알 것이다. 상장 첫날, 10분만에 상한가가 풀렸다는 게 어떤 의미인지를. 친구는 행복해했지만 나는 내 돈도 아닌데 식은땀이 흘렀다. 그 이후의 결과는 모두가 아는 바와 같다. 빅히트는 그 후 3거래일 연속 하한가 가까이 떨어졌다. 최저 14만 원까지 떨어졌던 주가가 5개월 뒤 주당 21만 원까지 회복됐지만(2021년 3월 15일 기준) 34만 원에 매수한 내 친구는 여전히 40% 이상 손실한 상태다.

4) 과잉 일반화, 예전에도 그랬으니 이번에도 그럴 거야

우리에게 너무 익숙한 오류다. 소개팅을 할 때 첫인상으로 사귈지 말지를 결정하는 이들이 너무 많다. 결혼을 앞둔 부부들도 마찬가지다. "언제 이 사람과 평생을 함께해야겠다고 결심했나요?" 하고 물으면, 자신의 부모님을 한 번 같이 만났는데 너무 예의가 바르고, 식당 종업원을 대하는 모습을 보니 사람 됨됨이가 좋다 등의 예를 든다. 한두 번의 일로 모든 것을 판단하고 인생을 좌우하는 척도로 삼다니 이얼마나 어리석은가.

당신은 그렇지 않다고 생각하는가? 첫사랑으로 예를 들어보자. 대학 신입생 오리엔테이션에서 처음 만난 선배에게 불과 몇 분만에 반해버렸다. 외모와 헤어스타일, 목소리, 말투 같은 정말 제한적인 정보만으로 사랑에 빠질 만큼 우리의 뇌는 때때로 비이성적이다.

그 후에 몇 번이고 그 선배에게 차이고 상처를 받아도, 여전히 앞으로도 그 첫사랑은 당신의 해마체의 1순위로 영구히 기억된다. 투자에 이를 비유해보자면 대선이나 명절을 앞두고 항상 주가가 떨어진다는 선입관이 여기에 해당한다. "4년 전 미국 대선 전후로 주가가 떨어졌어." "명절 직전에 주가가 폭락했어." "예전에 그랬으니 이번에도 그릴 거야." 이런 식의 근거 없는 확증이다. 블랙핑크가 새 앨범을 냈으니 YG 주식은 무조건 오른다는 것 역시 전체를 가늠하지 못하고, 극히 지엽적인 정보만으로 결론을 도출하는 과잉 일반화의 한 일례다.

5) 이분법적 사고, 나는 대박 아니면 쪽박이야

흑백 논리, '모든 것을 선이냐 악이냐' 혹은 '너무 좋다, 완전 최악이다'라고 극단적으로 생각하고 중간이나 타협점이 없는 사고방식이다. 완벽하지 않으면 곧 잘못된 것이라 판단한다. 투자자들에게 적용하면 "나는 대박 아니면 쪽박이야" "포르쉐 아니면 마티즈, 한강 뷰 아니면 한강 물"이라고 외치는 사람들이다. 이들의 기대 수익률은 보통 400% 이상이다. 1,000만 원을 투자하고 4~5배 수익을 날 때까지 기다린다. 당연히 일반 우량주에는 관심이 없다. 코스닥 작전주, 장외주식, 포탈 검색어 상위권 종목이 이들의 관심사다.

이들은 한번 정한 목표금액을 절대 유연하게 바꾸지 않는다. 악재건 호재건 뉴스에도 흔들리지 않고 그저 자기 고집을 관철하는 편이다. 이들은 마치 투자를 하는 게 아니라 대결이나 승부를 하는 느낌이며, '상남자' '자존심' 같은 단어에 집착한다. 상한가를 친 종목도 4연상, 5연상이 아니면 무조건 존버한다.

"야, 고작 그거 먹으려고 투자했냐?"가 입버릇이며 삼성전자 같은 주식에 투자하고 4~5% 수익에 만족하는 이들을 쫄보라며 비웃는다. 보통 주식뿐만 아니라 코인 투자에도 손대는 경우가 많으며 이들은 전형적인 도파민형 투자자라 할 수 있다.

6) 재앙화, 파국화, 우리나라는 망한다

어떠한 사건을 지나치게 걱정하고 또 과장해 항상 최악을 생각하는 것이다. 그 두려움으로 인해 아무것도 제대로 할 수 없는 상태다. 폭락장에서 우리가 흔히 겪는 인지 오류가 바로 이 파국화다.

코로나를 마주한 2020년 3월 우리 모두는 폭락장의 공포를 실감했다. 2400을 돌파하던 코스피가 1400까지 떨어졌다. 1800까지만 해도 대부분은 이성을 붙잡고 있었고, 저점 매수, 물타기를 하면서 금방 시장이 안정될 거라 생각했다. 하지만 이번은 달랐다. 아무도 예측할 수 없는 팬데믹, 전 지구적 경제공황이 왔다. IMF때보다 더 심한 폭락이 시장을 덮쳤다.

재앙화 사고에 마비된 투자자들은 1400에 모든 주식을 손절했다. '코스피가 800까지 떨어진다' '대한민국이 망한다' '안전한 미국으로 도망가야 한다'라는 생각에 손절한 주식으로 달러를 샀다. 당시 환율은 1,280원 대까지 치솟은 상태였다. 그저 아무런 생각 없이 공포에 빠진 뇌가 패닉셀링을 한 것이다. 조금이라도 이성이 있었다면 그때 숨을 고르고 이런 부분들을 고려했어야 옳다.

실제로 대한민국이 망할 근거가 있는가? 만약 망한다면 미국에 간다고 한들 괜찮을 것인가? 영주권은? 인종차별은? 미국은 코로나19로 인한 사망자가 훨씬 많으며 의료보험조차 없다. 차라리 베트남으로 가야 하는 것 아닌가?

7) 개인화, 내가 사기만 하면 떨어진다

아무 관계없는 외부사건을 자신과 연관시키는 인지적 오류를 말한다. 개인화의 오류는 시야가 좁고 자의식이 과잉인 사람들이 흔히 범하는 실수다.

A는 최근 여자친구와 헤어졌는데 그 이유가 자신이 공무원 시험에서 떨어져서라고 생각했다. 사실 여자친구는 그것과 상관없이 A가 싫어졌을 뿐이다. 연애보다는 자신의 삶에 온전히 집중하고 싶었고 유학을 준비하고 있었다. 하지만 A는 여자친구의 관심사를 고려하지 않고 이별 사유가 스스로에게 있다고 생각했다. 나만 잘 하면, 내가 시험에 합격하면 헤어질 필요가 없다고 착각한 것이다. 투자할 때 이런 농담을 하는 사람들이 있다. "야, 내가 주식을 사기만 하면 그 회사 주가가 반토막이야." "사는 주식마다 상장폐지 돼, 나는 파괴왕이야."

당신이 대주주로서 공매도를 걸었거나 보유하고 있는 전환사채의 조기상환을 실행한 게 아니라면 주가가 떨어진 것과 당신은 아무런 상관이 없다. 어차피 떨어졌을 주식에 당신이 잘못 올라탄 것뿐이다.

8) 정서적 추론, 요즘 하는 일마다 잘 풀리는 걸 보니 나는 무조건 될 놈이다

자신의 정서적인 감정이 마치 현실이고 진실이라 착각한다. 우울감에 빠져 자신을 쓸모 없는 인간이라고 단정하거나 쾌감에 취한 나머지 나는 뭐든지 할 수 있다고 착각하는 등의 경우다.

이혼 직후 우울감에 빠져 뭘 해도 안 된다고 생각하는 사람들이 있다. 이들은 아무 근거 없이 투자도 실패할 거라 생각한다. 반대로 최근에 승진을 했다거나 복권에 당첨된 사람들은 뭘 해도 될 거라고 여긴다. 이러한 인지적 오류를 정서적 추론의 오류라고 한다. 이성적으로 계산하고 판단할 일을 감정에 취해서 결정하는 실수를 범한다.

9) 긍정 격하, 처음이라 운이 좋았던 것뿐이다

자신의 성공을 과소평가하는 오류다. 충분히 자신이 능력 있고 성공할 만큼의 자격이 있음에도 그저 운이 좋았다고 여기거나 자신의 능력을 낮춰서 생각하는 것이다.

내 친구 A는 초보 주식투자자다. 실제 투자를 하기 전에 《주식투자 무작정 따라 하기》와 같은 기본서를 열 권이나 읽었고 모의투자 프로그램도 세 번이나 참여했다. 원래도 꼼꼼하고 완벽을 추구하는 성향으로 주식투자가 아닌 해부를 하듯 종목을 선택했고, 지인인 회계사를 통해 재무제표 읽는 법까지 익혔다. 심지어 3개월을 공부해 자산관리사(AFPK) 자격증까지 땄다. 그 후 첫 투자에서 30% 수익률을 올렸는데 그 이후로 더는 주식투자를 하지 않는다.

본인의 노력과 실력을 '초심자의 행운'으로 깎아내린 탓이다. 초보자로서는 더 이상 준비할 게 없을 만큼 충분히 공부했음에도 본인을 과소평가하는 인지적 오류 탓에 그는 더 이상 주식투자를 하지 않는다.

10) 잘못된 명명

어떤 하나의 행동이나 부분적 특성을 기준으로 삼아 한 사람을 단정하는 오류다. 예를 들면 이렇다. 딱 한 번 지각을 한 사람에게 "지각대장"이라고 부르거나, 딱 한 번 욕을 했다고 그를 "욕쟁이"나 "분노조절장애"라고 불러서는 안 된다. 내가 산 종목이 몇 번 반토막 났다고 해서 내 친구들이 나를 반토막 종석을 줄여 "반종석"으로 놀리는 것도 잘못된 일이다.

나는 현재도 주식투자를 하고 있다. 열 가지 오류와 다양한 실패를 골고루 경험하고 나서 내린 결론은 '나는 주식투자를 하면 안 될 사람이다' '다시 하면 손목을 자르겠다'였다. 하지만 이것 또한 선택적 추상화, 과잉 일반화, 정서적 추론의 오류에 골고루 빠진 생각이었다.

중요한 것은 항상 유연한 사고를 가지고 적응해야 한다는 점, 자신이 모르는 것에 대해 배우려는 자세를 유지해야 한다는 점이다. 폭락장에도 패닉에 빠지지 않고, 감정에 치우치지 않고 손절할 수 있어야 하며 1시간 만에 손절한 주식이 다시 20% 급등해도 초연함을 유지할 수 있어야 한다. 지나간 실수에 연연할 게 아니라 항상 현재 시점에서 유연한, 최선의 선택을 내리는 것에만 온 에너지를 집중하는 것이 현명한 투자자가 될 수 있는 방법이다.

공황장애에 걸린 투자자

정신의학적으로 공황장애란 심한 불안 발작과 이에 동반되는 신체증상들이 아무런 예고 없이 갑작스레 나타나고 반복되는 것을 말한다. 어느 날 문득 아무 이유 없이 호흡이 빨라지고 식은땀이 나거나 '혹시 내가 죽는 것은 아닐까?' 하는 극심한 공포에 휩싸이는 경우다.

어떤 사람은 공황장애가 소심하고 멘탈이 약한 이들에게 생긴다는 착각을 하는데, 한국에서 주식투자를 몇 개월만 하다 보면 누구든지 공황장애를 겪어볼 수 있다. 아무 이유 없이 주가가 떨어지면 식은땀이 나고 '이러다 상장폐지가 되는 것은 아닐까?' 하는 극심한 공포와 불안, 과도한 각성과 초조감 등을 경험한다.

어렵게 생각할 것도 없다. 우리가 흔히 "쟤 멘탈 나갔네, 패닉이네"라고 말할 때의 상태가 딱 공황에 빠진 것이다. 공황에 빠지면 우선 우리 뇌에서 가장 똑똑하고 이성적인 부분인 전전두엽이 마비된다. 침착하고 현명한 판단은 고사하고 '여기가 어디지? 내가 뭘 하고 있는 거지?' 하는 상태가 되어버린다. 똑똑한 리더가 정신줄을 놓으면 그 밑에 부하들, 뇌의 다른 부분들은 고삐 풀린 망아지처럼 날뛰게 된다. 본능에 따라 움직이는 사춘기 소년 같은 변연계는 욕망을 마음껏 표출하고 평소엔 하지 않을 비이성적이고 충동적인 행동을 마구 벌인다. 이를 지켜보는 편도체와 소뇌는 두려움을 느낀다. 그 결과, 손이 덜덜 떨리고 식은땀을 비 오듯이 흘린다. 과호흡으로 숨을 미친듯이 몰아 쉬기도 한다.

어느 날 아침, 아무 생각 없이 네이버에 들어갔는데 내가 가진 주식이 검색어 1위에 올라왔을 때, 전조 증상이 시작된다. 가슴이 미친 듯이 두근거린다. '아, 이건 분명 폭락 아니면 폭등인데.'

기억을 저장하는 해마체가 친절하게 속삭인다.

"바보야, 네 주식이 폭등한 기억이 한 번이라도 있었니? 이번에도 폭락일 거야."

기억에는 우선순위가 있다. 10년 전에 길에서 500원을 주은 사소한 이벤트와 몇 년 전 주식으로 1억 원을 넘게 날린 기억이 똑같은 가치를 갖지 않는다. 당연히 더 강렬하고 드라마틱한 기억에 가중치가 부여되는데, 특히 부정적 정서와 감정이 실린 기억이 더 오래간다. 이것은 부정적 정서를 수용하는 편도체가 기억 저장 은행인 해마체 바로 옆에 위치하기 때문이다. 따라서 좋은 일이나 행복했던 일보다 불행과 트라우마가 훨씬 오래 남는다. 특히 공포스럽고 불안했던 기억은 언제나 내 해마체의 1순위에 저장된다.

클릭하기도 전에 내 본능은 이미 결과를 예상하고 있다. 파란색, 그럴 줄 알았다. -17%. 심장이 미친듯이 뛴다. 불안 호르몬인 노르에피네프린과 아드레날린이 넘쳐흐르는 탓이다. 스마트폰으로 주식 HTS를 켠다. '빨리 팔아야 한다, 하한가 각이야, 지금 당장 팔아야 해.' 손이 떨려서 로그인조차 쉽지 않다. 비밀번호를 자꾸 틀리고 만다. 다섯 번 틀리면 영업점에 직접 방문해야 한다. 심호흡을 하고 겨우 로그인에 성공하니 그 사이에 더 떨어졌다. 눈앞이 노래지고 머리가 아파온다. 13만 원에 팔려고 하면 12만 5,000원, 다시 12만 5,000원에 걸려고 하면 11만 9,000원, 자이로드롭처럼 가격이 떨어진다. 매도 주문이 수백만 건이 쌓인다. 이제는 손이 아니라 턱이 덜덜 떨린다. 이빨 부딪히는 소리가 딱딱, 귀를 할퀸다.

어느새 주식은 하한가에 거의 다 왔다. -27%. 이때라도 이성을 잡아야 한다. 심호흡을 하고 물을 한잔 들이키고, 포도당과 탄수화물을 보충해 뇌가 생각할 수 있는 시간을 줘야 한다. 하지만 공황에 빠진 투자자가 생각하는 건 오직 공포뿐이다. 하한가에 가면 아예 못 팔 수도 있다. 지금이라도 팔아야 한다.

얼핏 보면 근거가 있는 판단 같지만, 그저 극도로 겁에 질린 나머지 불안으로부터 도망치는 회피성 전략일 뿐이다. 이때는 무조건 탈출할 게 아니라 폭락할 만한 재료나 악재가 소멸할 가능성이 있는지, 매도 대기 물량은 얼마인지, 최근 외국인 동향은 어떠한지 등을 체크해봐야 한다.

문제는 공황에 빠진 지금 순간이 아니라, 사전에 미리 이 작업을 해뒀어야 한다는 점이다. 평소에 면밀히 준비해둔 사람이라면 폭락 상황에서도 대처할 수 있는 가이드라인이 있다. 몇 퍼센트 빠질 때마다 얼마씩 분할매도를 할 건지 미리 수십 개의 알림을 설정하고 계획을 세워둔다. 하한가를 맞는 날은 몇 분 사이에도 주식이 20% 이상 요동친다. 그때 상황에 맞춰 이성적인 판단을 한다는 건 불가능에 가깝다. 어버버하다 때를 놓칠 것이고, 오로지 '내가 개잡주를 샀구나! 빨리 탈출하자'라는 생각만 들 것이다.

공황에 빠진 투자자는 -27%에 일괄 매도를 완료한다. 그리고 3분 뒤 주가가 다시 저점매수세에 힘입어 -15%까지 반등한다. '어라? 이거 다시 오르잖아? 괜히 팔았네. 다시 사자!' 그때 산 주식은 다시 -30%까지 돌아선다. 전형적인 설거지를 당한 것이다. 하루에 하한가를 두 번 맞는 경우가 이렇게 발생한다. 도대체 내가 지금 뭘 한 걸까? 아무것도 하지 않았다. 겁에 질린 채 돈을 갖다 버린 것뿐이다.

공황장애의 가장 큰 두려움은 같은 실수를 반복한다는 데에 있다.

뇌가 불안에 지배당한 상태에서 경험한 일은 인사이트가 없고, 교훈도 없다. 그저 귀신에 홀린 것처럼 멍할 뿐이다. 따라서 재발할 가능성이 너무나도 크다.

공황에 빠져 큰 손실을 경험한 직후, 주식 어플을 지우고 계좌를 삭제하는 것만이 정답은 아니다. 내가 했던 비이성적인 실패를 두고두고 곱씹으며 반성해야 한다. 나는 큰 실수를 한 뒤엔 한 달 동안 어떤 매매도 하지 않고 그저 하한가를 맞았던 주식들, 결정적인 매도 실수를 했던 종목들의 이름들을 휴대전화와 컴퓨터 바탕화면에 띄워두었다. 물론 부끄러운 내 모습과 매일 직면하는 것은 무척 괴로운 일이었다. 아침마다 울상을 지으며 출근해야 했기 때문이다. 하지만 그래도 그 고통을 피하지 않았다. 당장의 편안함을 얻고자 도망치면 또 다시 어리석은 행동을 하고 공황에 빠질 게 뻔했다. <u>수백 번 반성하며 내 해마체와 편도체에 새로운 습관을 새기는 것만이 다음 번 실수를 예방하는 유일한 방법이다.</u>

돈을 잃는 것보다 더 두려운 것은 부끄럽고 어리석은 나를 또 마주하는 일이다. 그것이 자신에게 더 큰 수치심과 공포를 준다는 것을 깨달은 순간, 나는 비로소 공황으로부터 벗어날 수 있었다.

강박증에 빠진 사람이 주식을 한다면

강박증은 불안장애의 하나인데 특정 생각이나 행동에 과도하게 집착하고, 반복하게 되는 것을 말한다. 이들은 매우 깔끔하며 청결을 중요시하는데 매사에 완벽해 보여도 그 내면에는 두려움에 떠는 어린아이가 숨어 있다. 그 나약함과 약점을 숨기기 위해 애써 강한 척을 하곤 한다. 이들의 특징은 다음과 같다.

1) 목표가에서 단 500원도 타협하지 않는다

이분법적 사고의 오류에 빠져, 100점이 아니면 무조건 실패라고 여긴다. 목표가가 10만 원이면 9만 9,500원이라도 절대 팔지 않는다. 이들에게 분할매수, 분할매도는 없다. 유연함과 타협을 패자들의 논리라고 여긴다. 10만 원에 걸어둔 주식이 하나도 안 팔린 채 9만 9,500원까지 찍었다가 다시 9만 원까지 폭락했다면 전략을 다시 세우고 목표가를 조정해야 하는데 이들은 다시 10만 원이 올 때까지 버틴다. 6개월이고 1년이고 말이다.

반토막이 나건 삼분의 일 토막이 나건 꿈쩍하지 않는다. 겉으로만 덤덤하게 보이려 부단히 애쓸 뿐, 속으로는 엄청 후회하고 자책하고 있음에도 고집을 절대 버리지 않는다. 실리보다는 가짜 자존감에 집착하기 때문이다. 심지어 몇 년 후 다시 9만 원 정도까지 회복해도 여전히 팔지 않는다. 주식투자가 아니라 자기 고집과의 한판 승부를 하고 있는 셈이다.

2) 언제까지나 과거에 집착한다

과거에 했던 실수나 놓친 기회를 죽을 때까지 집착하고 후회한다. "2017년 초에 비트코인을 샀어야 했는데, 삼성전자나 애플을 미리 사뒀어야 했는데." 이런 결과론적인 말을 반복하는 사람들이다. 강박증에 빠진 이들은 후회와 자책을 할 뿐 실질적인 변화를 시도하지 않는다. 그저 후회를 위한 후회만을 한다. 후회하는 데 기력과 에너지를 다 쓰느라 진지한 반성이나 생산적인 교정을 할 시간이 없다. 비트코인이나 애플, 페이스북을 매수할 기회를 놓친 강박적 투자자들이 과거에 사로잡혀 있을 때, 현명한 이들은 테슬라와 엔비디아 주식을 놓치지 않았다. 실패에 붙잡혀 있지 않았던 이들은 눈을 크게 뜨고 다음 기회를 찾아서 분주히 공부하고 준비한다. 오르는 주식은 얼마든지 있고, 기회는 앞으로도 계속 온다.

3) 생각만 할 뿐, 행동하지 않는다

신중하고, 신중하다. 너무 신중해서 결국 아무것도 하지 않는다. 분명한 매수 시점, 물타기 시점, 손절의 시그널이 울려도 주저하느라 기회를 놓친다. 1분이라도 빨리 주문을 넣어야 할 타이밍에 온갖 쓸데없는 찌라시, 뉴스, 종목토론방 글을 다 확인하느라 타이밍을 놓치고 만다. 이들의 방종에 가까운 신중함은 사실 무의식적 거부의 표현이다. 위험을 감수하기는 싫고, 변명하고 싶은 내면의 나약함이 반영된 결과다. 절호의 기회를 앞둔 상태에서 신중함이란 오히려 어리석음과 게으름에 가깝다. 주식투자는 때로는 목숨이 걸린 전쟁터라고 생각해야 한다. 상대방과 서로 총구를 겨누고 있는 위기 상황에서는 생각이 아니라 행동을 먼저 해야 할 때가 있다. '이번에 안 사도 또 언젠가 기회는 오겠지' '너무 무리해서 급하게 결정하고 싶지 않아'라는 생각은 개인화의 오류일뿐이다. 실패를 두려워하기만 해서는 아무것도 할 수 없다. 그들이 기다리는 '완전한' 타이밍은 절대로 오지 않는다. 평생을 기다리기만 할 뿐이다.

4) 사실이 아닌 고집에 근거한 투자

강박증에 걸린 완벽주의자들은 남에 말을 듣지 않는다. 본인의 짧은 식견과 경험을 토대로 자신만의 룰과 가이드라인을 정해놓고 투자한다. 전문가의 말도 귓등으로 흘린다. '전문가라고 항상 맞는 말을 하는 건 아니던데?' '내 친구는 본인만의 방식으로 몇억 벌었어'와 같은 떠도는 루머나 술에 취한 친구의 허세 같은 아주 가냘프고 연약한 논거만이 이들의 고집을 뒷받침한다. 100명의 전문가가 재무제표나 실적을 거론하며 이 종목은 매수 타이밍이 아니라고 해도 초보자인 자신의 주장만을 내세운다. 강박증에 빠진 이들은 이성적으로 보이지만 전혀 그렇지 않다. 오히려 무척 감정적이고 불안에 흔들리며 감정 기복도 심하다. 옳고 그름이 아니라 이기고 지는 것에 더 집착하며 전형적인 감정 투자를 한다.

강박증에 걸린 사람은 자신에게 문제가 있음을 깨닫지 못하고, 인정하려 들지 않는다. 문제 인식부터가 되지 않는데 개선이 될 리가 없다. 이들에게 가장 절실한 것은 자기 객관화인데 역시 요원한 일이다. 강박증에 사로잡힌 투자자들은 카지노 입장을 기다리는 도박 중독자처럼 친구와 가족 아니 신이 와도 못 말린다. 따라서 자신의 성격을 냉정히 돌아봤을 때 강박적이고 완벽주의적인 성향이 있다면 주식보다는 부동산이나 보장성 상품, 예금, 적금에 투자하기를 추천한다. 혹시 당신이 강박적인 성향을 지닌 사람이고, 이미 많은 돈이 주식에 들어가 있다면 다음 같이 행동하기를 권유한다.

- 운동을 하고, 인내심을 길러보자.
- 신경 끄기의 기술을 배우고 명상을 시작하자.
- 아무런 반론 없이 상대방의 말을 듣기만 하는 훈련을 해보자.
- 어떤 생각이나 충동에 사로잡힐 때 다른 자극으로 환기시키자.

투자를 배우고 시도하기에 앞서 당신의 강박증부터 고쳐야 수익을 높일 수 있다. 당신이 관리할 수 있는 유일한 변수는 당신 자신뿐이다.

쉬는 것도
투자다

번아웃 증후군이란 간단히 말해서 탈진했다, 다 메말랐다는 뜻으로, 어떤 일에 과도하게 몰두한 나머지 신체적·정신적 스트레스가 누적되어 무기력증이나 불안감, 우울감, 분노 등의 증상이 생기는 것이다. 병원과 주위에서 주식투자를 하다가 번아웃에 빠진 사람들을 많이 본다. 물론 나 역시 길고 긴 번아웃 시기를 겪었다. 수익률이 좋을 때는 번아웃이 생길 리 없다. 카지노에서 돈을 계속 따는 사람은 밤을 새워도 졸리지 않다. 도파민과 엔도르핀이 분수처럼 샘솟기 때문이다. 하지만 돈을 잃기 시작하면 피로가 파도처럼 밀려오고 예민해지며 짜증이 난다. 주식투자에서도 폭락장이 길어지거나 박스권 장세가 계속되면 번아웃을 호소하는 투자자들이 많아진다. 돈을 잃기만 하니 재미가 없어지는 것이다.

번아웃에 잘 빠지는 이들의 공통점은 자신에 대한 믿음이 부족하고 조급하다는 것이다. 참고 버텨야 할 때 손절을 하고, 서둘러 매입할 시기를 놓치고 뒷북을 친다. 따라서 똑같은 장세에서도 더 많은 손실을 입는다. 번아웃은 우울증의 입구다. 우울증에 걸리기 직전의 아슬아슬한 상태인데 번아웃이 되면 입맛과 의욕이 사라지고 사는 재미도 없어진다. 따라서 모든 일을 대충 하게 된다. 이럴 때 투자하면 백전 백패다. 주식으로 돈을 버는 것이 얼마나 어렵고 많은 준비를 필요로 하는데, 멀쩡한 상태도 아닌 번아웃 상태로 무리하게 시도하는 것은 자해 혹은 기부나 다름없다. 차라리 기부는 연말정산이라도 받을 수 있지.

따라서 121페이지에 있는 번아웃 자가진단표를 참고한 뒤 본인이 번아웃 상태에 해당된다고 느껴지면 잠깐 멈추는 것이 좋다. 그리고 휴식 상태에서 깊이 숙고해야 한다. 투자를 오래 하다 보면 번아웃 시기는 필연적으로 온다.

"장이 좋지 않을 때는 투자하지 않는 것도 일종의 투자다"라는 말을 들어봤을 것이다. 중요한 것은 휴식의 타이밍이다. 그 시기를 정확히 알기 위해서는 자기 자신에게 민감한 안테나를 세우고 있어야 한다. 대인관계, 직업적 능력과 사회성 기능이 떨어지는 순간을 면밀히 체크해보자. 번아웃의 시그널은 여러 곳에서 나타난다. 가족이나 친구에게 짜증을 내고, 일에 집중력이 떨어지고, 중요한 일을 완수하지 못한 채 계속 미루고 뭉개곤 한다. 번아웃이 온 것은 당신의 탓이 아니지만 번아웃이 온 것을 눈치채지 못하거나 알면서도 억지로 버티는 건 당신의 책임이자 큰 실수다. 우리는 번아웃과 스트레스를 참고 버텨야 성공할 수 있다고 생각하는데 이는 착각이다. 번아웃에 걸린 당신은 일도 투자도 절대 성공적으로 해낼 수 없다.

도파민과 세로토닌은 우리 뇌의 일용할 양식이며 자동차의 기름이나 엔진오일과도 같다. 번아웃에 빠진 뇌는 도파민과 세로토닌을 만들어내는 능력이 현저히 떨어진다. 즉, 기름이 바닥난 차를 억지로 움직이려는 시도인 것이다. 따라서 번아웃이라는 판단이 들면 모든 기회비용을 생각치 말고 그 즉시 쉬어야 한다.

휴식의 타이밍보다 더 중요한 것은 무작정 쉬면 안 된다는 점이다. 많은 사람들이 번아웃 상태에서는 그저 투자를 멀리하고 쉬어야 한다고 생각한다. 그러나 절대로 그렇지 않다. 코스피가 6개월 정도 하향 곡선을 그리며 번아웃과 우울증이 생겼다면 사실 이제부터는 반등세를 보일 가능성이 더 크다. 투자를 아예 쉬는 게 아니라 방식을 바꾸면서 쉬어야 한다. 내가 눈여겨봤던 주식, 낙폭과대주를 저점 매수하기 위한 최소한의 알림을 설정해둔다거나 예약매수를 걸어 놓고 휴식하는 것이 좋다. 제약 바이오 같은 주식에서 은행, 금융 같은 저위험 종목으로 갈아타거나 달러나 금 혹은 부동산이나 상가, 채권 등으로 투자 방법을 바꾸면서 유연함과 안정성을 도모해보자.

'손실이 계속 나니까, 너무 힘들어. 정기예금이나 넣고 다시는 투자 안 할래'라는 사고는 2021년 금리를 고려했을 때 앉아서 망하기를 기다리겠다는 것이다. 번아웃 상태가 길어지면 '투자 실패 → 휴식과 반성 → 재투자'의 프로세스를 선택하는 대신 '투자 실패 → 우울증 → 투자 포기'의 악순환을 밟는다. 너무 자책하거나 한숨 쉴 필요는 없다. 기본적으로 번아웃이란 건 어떤 일을 무척 열심히 최선을 다한 사람에게 나타나는 것이다. 묻지마 식의 투자를 했거나 도박을 하는 이들은 번아웃을 겪지 않는다. 지쳐서 쓰러질 만큼 무언가를 노력한 사람들만이 번아웃이 온다. 따라서 스스로를 부끄럽게 여길 게 아니라 애쓴 자신을 인정해주고 다독여야 한다.

휴식의 시간 동안에 투자 방법을 바꾸고 자신을 되돌아보자. 생활 습관을 바꾸고 새로운 습관과 루틴을 세팅해보는 것이다. 사람들을 만나서 좋은 자극을 받고, 정보를 해석하는 인지 능력을 길러본다면 새로워진 뇌와 신체를 지닌 건강한 투자자로 거듭날 수 있다. 조급하지 않게 기회를 기다리며 재도전할 에너지를 비축하는 슬기로운 여정, 그것이 번아웃 증후군을 극복하는 방법이다.

주식투자에도 번아웃이 있다!

주식 번아웃 체크리스트

1 본전만 찾으면 얼른 주식을 그만두고 싶다. ☐
2 오후 3시 30분에 장이 끝나면 완전히 지친다. 퇴근하고 싶어진다. ☐
3 짜증이 많아지고 초조하고 불안하며 여유가 없다. ☐
4 금요일 저녁부터는 안도감이 느껴진다. 월요일이 오는 게 두렵다. ☐
5 업무에 집중이 안 되고 실수가 잦아진다. 멍하니 있는 경우가 많다. ☐
6 오전 9시가 되면 불안해진다. 수익에 대한 기대감보다는 손실에 대한 두려움이 훨씬 크다. ☐
7 일이 귀찮아지고 의욕이 없다. 수동적으로 일하게 된다. ☐
8 지인이나 동료들이 주식 얘기를 하면 짜증이 나고 듣기 싫다. ☐
9 주식에 대한 뉴스나 기사를 보면 피곤하고 우울해진다. ☐
10 자존감이 떨어지고 자꾸 실수할 것만 같은 두려움이 생긴다. ☐
11 주식 걱정으로 불면증과 소화불량, 두통이 만성화된 상태다. ☐

0~2개 : 보통, 정상 수준이다.
3~5개 : 휴식이 필요한 번아웃 초기 상태다.
6~8개 : 중등도의 주식 번아웃에 해당한다.
         투자를 잠시 중단하고 재정비할 필요가 있다.
9개 이상 : 심각한 주식 번아웃에 해당한다. 전문적인 상담이 필요하다.

PART 3

실패를 통해 배우는 투자 교훈

인간은 같은 실수를 반복한다

개인적으로 물리 법칙 중 가장 잔인한 것은 '관성'이라고 생각한다. 이것은 행동심리학이나 뇌인지 이론에도 그대로 적용된다. 자연의 법칙과 같이 인간 역시 원래 하던 대로 행동할 가능성이 크다는 것이다. 첫사랑과 비슷한 외모나 성격의 여인을 사랑하게 되고, 아침형 인간은 평생 아침에 어렵지 않게 일찍 일어난다. 서른이 넘어도 운전에 서투른 사람은 몇 년 후에도 그럴 가능성이 크고, 참치 회를 좋아하는 사람이 나이가 들었다고 딱히 참치 회가 싫어질 일은 없다.

우리의 성격, 기호, 욕망을 구성하는 요소들에는 일정한 법칙이 있고 많은 원인과 과정을 거쳐 결과로 이어진다. '자극 → 인지 → 행동'의 프로세스가 반복되고 루틴으로 뇌에 자리잡으면 이 공식은 어지간해선 변하지 않는데, 이를 쉬운 말로 습관이라 부른다.

이것이 얼마나 무서운 말이냐 하면 한 번 초보자는 계속 초보자일 가능성이 크다는 뜻이다. "세 살 버릇 여든까지 간다"는 말을 굳이 인용하지 않더라도 습관을 버리는 것은 무척이나 힘들다.

주식투자를 할 때 대충 타인의 말만 듣고 종목을 정해서 산 사람이라면 주식투자뿐 아니라 일상과 행동패턴 전반에 부주의함이 스며들어 있다는 이야기다. 이 사람이 한두 번 손실을 봤다고 반성할 것이냐? 아마 그렇지 않을 것이다. 한 가지 사례를 들어보겠다.

공무원 지훈 씨는 A 주식에 100만 원을 투자해 10% 손실을 보고 손절했다. 다음 중 지훈 씨의 가장 큰 잘못은 무엇인가?

❶ 아무런 공부 없이 맨땅에 헤딩한 것
❷ 물타기를 하며 버티지 않은 것
❸ 폭락장에 들어간 것
❹ 잘못된 종목을 알려준 친구의 말을 들은 것
❺ 투자금이 너무 적어서 긴장하지 않은 것

과연 정답은 무엇일까? 정말 많은 사람이 2, 3, 4번의 답을 고른다. 심지어 5번이라고 생각하는 사람들도 부지기수다. 당신과 나를 포함

해 주식 시장에는 놀랄 정도로 초보자의 비율이 높다. 이들은 몇 번의 실패를 반복해도 스스로에게 원인이 있다고 생각하지 않는다. 한마디로 인간은 어지간해서는 절대로 자신의 삶의 방식을 바꾸지 않으며 그냥 살던 대로 산다. 그것이 가장 편하고 자연스럽기 때문이다.

관성과 습관을 바꾸기 위해서는 엄청난 내적 역동이 필요하다. 보통 이 정도의 강력한 동기가 생기려면 주로 내부 요인이 아니라 외부 요인, 삶의 근간을 뒤흔들 만한 일생일대의 큰 사건이 있어야 가능하다. 생명의 위협을 느낀다거나 전 재산을 잃었거나 하는 수준의 불안을 느껴야만 자신의 행동을 근본부터 돌아보려는 의지가 생긴다.

예를 들어, 2017년의 나처럼 3억 원 정도의 손실을 보고 차라리 죽는 게 낫지 않을까 고민하는 나날을 6개월 정도 겪는다면 누구나 자신을 완전히 뜯어 고쳐야 한다는 생각과 동기를 가지게 될 것이다. 내가 이 책에서 굳이 부끄러운 실패담을 고백하는 까닭은 내가 맞은 쓰라린 예방 주사를 남들은 굳이 경험하지 않았으면 해서다. 성숙하고 현명한 이들은 타인의 실패를 굳이 직접 경험해보지 않고도 교훈을 얻을 수 있다. 꼭 지옥을 맛보고 나서 습관을 고칠 필요는 없지 않은가?

하지만 이렇게 목놓아 주의하라고 외쳐도 인간은 같은 실수를 반복한다.

- 자신에게 한없이 관대해서
- 기억력이 나빠서 혹은 선택적 기억장애가 있어서

◦ '나는 남들과 달라, 특별해!'라고 생각해서

정리하자면 공감 능력이 부족한 나르시스트들이 특히나 더 주식투자에 큰 실패를 경험하는 경우가 많다. 이들은 귀가 얇으면서도 타인의 조언을 가볍게 생각한다. 스스로에게 취한 이들은 실수를 반복하면서도 자신을 돌아보지 않는다. '나 때문이라고? 에이 설마!' 그리고 씩씩하게 투자와 손실을 반복한다. 너무 걱정하거나 억울해할 필요는 없다. 모든 초보자들이 앞으로 겪을 과정이다. 그중 누군가는 깨달음을 얻을 것이고, 나머지는 같은 실수를 반복할 뿐이다. 이 책을 읽는 사람들 역시 마찬가지다. 누군가는 "에이, 이런 당연한 걸 누가 몰라! 나는 안 그래"라고 충고를 가볍게 흘릴 것이지만, 어떤 이는 구석구석 숨어 있는 복선과 위험의 시그널들을 진지하게 숙고하면서 자신을 재정비하는 계기로 삼는다. 나는 총 계좌가 -79%를 찍을 때까지 도대체 내가 무엇을 잘못했는지 몰랐다. 하늘이 나를 미워한다고만 생각했다. 당신이 나와 수많은 초보자들이 겪은 실패, 아집, 무지를 답습하지 않기를 부디 소망한다. 이 책에서 거론할 나의 수많은 실수와 방심, 게으름과 인지적 오류 등을 보고 단 하나라도 깨우쳤다면 정말로 더 바랄 것이 없다.

인간은 정말로 같은 실수를 반복한다

2020년 3월, 다시 주식 계좌를 만들면서 다짐한 맹세가 몇 가지 있다.

- 코스닥 개잡주, 정치 테마주에는 절대 투자하지 않는다
- 3분기 연속 이상으로 적자인 기업은 쳐다보지 않는다.
- 친구가 산 주식을 아무 생각 없이 따라서 매수하지 않는다.
- 한 종목에 하루 최대 500만 원까지만 투자한다.
- 반드시 분할매도, 분할매수를 한다.
- 내가 알 정도로 퍼진 정보는 이미 죽은 정보다.

다행히도 2020년 11월 말까지는 이 규칙을 무척 잘 지켰으며 상당한 수익을 냈다. 덕분에 끔찍했던 2016, 2017년의 손실을 다 만회하고, 마침내 2011년부터 정산해도 전체 실현 손익과 잔고가 흑자로 전환하는 쾌거를 이뤘다. 하지만 12월, 나는 결국 또 어리석은 짓을 하고야 만다. 사건의 발단은 삼성전자였다.

2020년 3월 23일, 나는 4만 3,000원에 삼성전자 주식 1,200주를 매수했고 11월 11일, 6만 1,000원에 모두 매도했다. 코스피가 박스권인 2500을 결국 못 넘을 것이라 판단했고, 당시 대부분의 예상 또한 그러했다. 12월에 있을 미국 선거는 트럼프에게 무척 불리할 거라 생각됐고, 미 대선의 유동성이 한국 증시엔 그다지 좋지 않을 거라는 예상이 지배적이었다. 그 결과와 상관없이 여기까지의 판단 과정은 충분히 합리적인 편이었다. 따라서 별 아쉬움 없이 일괄 매도했고(여기가 첫 번째 실수) 41% 수익에 무척 만족했다(2,100만 원 수익).

문제는 그 다음이었다. 그 뒤로 코스피와 삼성전자는 그야말로 미친듯이 올랐다. 한 달 내내 숨도 쉬지 않고 올랐으며 12월 15일이 되자 7만 4,000원을 넘었다. "아 한 달만 더 참았으면 1,560만 원(1만 3,000원 x 1,200주) 더 버는 건데!"

앞에서 이야기한 "팔고 나서 후회하지 마라"를 어긴 것이었다. 1,560만 원이라는 돈은 그냥 잊기엔 정말 너무 아깝고 큰돈이었다. 교촌치킨 800마리, 국밥으로 치면 2,600그릇과 맞먹는 돈이었다. 확신이 없으면 그냥 갖고 있을 것이지 또 어설프게 바보 같은 짓을 했다며 자책했다.

이것이 내 두 번째 실수다. 당시의 판단과 사고 과정은 나름 근거도 있었고, 딱히 실수라 여길 만한 것이 없었음에도 오직 결과론적인 접근을 하며 의미 없는 후회로 자신을 깎아내리기 시작한 것이다. 이렇게 되면 자신의 투자 지능, 투자 인지 능력에 의심을 품는다.

"그동안 달라졌다고 생각했는데, 아직 멀었구나, 여전히 초보였어"라며 자신이 세운 나름의 규칙과 루틴을 부정한다. 맹세도 철칙도 흔들리기 마련이며 다시 욕망과 충동의 노예가 된다.

12월 15일, 실제로 나는 전혀 손해를 보지 않았지만 마음 속은 이미

화살표가 가리키는 부분이 6만 1,000원으로 내가 11월 11일에 매도한 가격이다

내가 놓친 1,560만 원에 대한 생각뿐이었다. 더 큰 수익을 내고 싶은 마음에 이성 투자가 아닌 감정 투자, 큰돈을 쉽게 벌고자 하는 함정에 다시 빠진 것이다.

매일 주식 이야기를 하는 단톡방에서 한 친구가 말했다.

"야, 딱 1,000만 원만 투자할 거면 다섯 배 먹거나 상폐갈 종목에 투자해야지."

이 말도 안 되는 소리가 이성적으로 느껴졌던 건, 친구 한 명이 삼성전자와 삼성전자우에 5억 원 가까이 투자하고 있었고 2억 원이 넘는 수익을 보았기 때문이다. 솔직히 부러워서 미칠 지경이었고 질투와 열등감이 내 이성을 마비시켰다. '아, 나처럼 자산이 어중간한 사람은 이제 삼성전자 주식에 투자하면 안 되는구나!'

당시 나는 11월에 삼성전자를 팔면서 종목을 정리한 후 금과 은, 농산물 펀드, 달러, 건설 및 조선 관련 주식, 카카오, 넷마블, 호텔신라 등에 아주 균형적으로 재투자하고 있던 상태였다. 이 전략 자체가 결코 나쁘지 않은 선택이었음에도 불구하고 친구만큼 큰 수익을 내지 못했다는 마음이 나를 한없이 쫓기게 만들었다.

욕망으로 눈이 흐려진 초보자의 눈에 대형 우량주가 들어올 리가 없었다. 이미 코스피는 2700을 넘었고 코스피 상위 20위 종목은 전혀 매력이 없어 보였다. 조급해진 초보는 불안과 욕망을 억누르지 못하고 누가 봐도 안절부절하는 티를 내기 마련이다. 이 빈틈을 무섭게 파고드는 달콤한 악마의 속삭임, 바로 작전주다.

나는 여러 지인을 수소문하여 주식을 추천받는다. 페이스북 투자 고수, 카카오톡 주식방 운영자, 사모펀드 직원, 구로동 미래에셋 차장 등으로부터 무수한 종목들을 소개받았다. 대부분 이미 오를 대로 오른 우량주들이었기에 영 관심이 가지 않다가 문득 한 친구에게 '메디포스트' 이야기를 듣게 된다.

메디포스트는 2011년쯤 아주 잠깐 내가 손댔던 줄기세포 관련 주식으로 9만 원에 사서 8만 원에 손절한 바 있었다. 12월 17일 3만 8,700원으로 전일 기준보다 14% 폭등했고, 18일 다시 4% 넘게 올라 4만 원을 넘은 상태였다.

"야, 이 주식 뭔가 있어? 2011년에 10만 원 넘었던 게 이 정도면 쓰레기 주식 아니냐?"

"몰라, 나도 다른 단톡방에서 들었는데 큰 호재가 있대."

실체가 없는 소문이 떠돌고 있을 때는 반드시 작전세력을 의심해봐야 한다. 그리고 나와 내 친구가 알 만한 정보라는 것은 이미 유통기한이 끝난, 설거지를 위한 역정보인 경우가 많다. 평소의 나였다면 절대로 이 주식을 사지 않았을 것이다.

하지만 삼성전자를 조급하게 팔아버린 실수를 만회하고 싶다는 생각에 나는 도박형 초보자 시절로 돌아가고 말았다. 또 다른 지인으로부터 자신은 메디포스트에 전부 올인했다는 말을 듣고 의심을 완전히 지워버렸다. 고작 두 명의 의견을 듣고 확신해버리는 것이다. 이럴 때는 전두엽이 욕망으로 마비되었기에 어떤 이유를 대서라도 그 주식을 사고야 만다. 이성도 감성도 아닌 중독의 관성으로 뇌가 움직이고 있는 상태다. 수천 가지 종목 중 오로지 그 주식만을 서둘러 사야 한다는 강박에 사로잡히는데, 이때의 사고과정, 확신의 정도는 거의 망상에 가깝다고 볼 수 있다.

12월 21일 아침 8시 30분, 나는 시장가로 메디포스트를 주문했다. 분할매수는 생각하지 않고 당시 계좌에 남은 잔고를 몽땅 다 투자한다. 재무제표도 보지 않고 4만 1,200원에 586주를 매수했다. 이 주식은 무조건 오전에 폭등한다는 초조함에 2,414만 원어치를 시초가로 한 번에 산 것이다. 그렇게도 철저히 지킨 맹세들을 모두 어겼다.

- 메디포스트의 영업이익률은 3분기가 아니라 6년 연속 적자였다.
- 똑똑한 친구가 추천한 주식이니 확실하다.
- 한 종목에 하루 500만 원만 투자해서 어느 세월에 부자가 되겠어?
- 분할매도, 분할매수를 해야 하지만 이번엔 예외야!
- 공시 뜨기 전에 팔면 된다.

 다년간의 경험과 촉이 위험하다는 시그널을 울려대고 있었고, 분명히 이것은 작전주라는 확신도 있었으나 '단타 치면 된다'는 안일한 생각이 나를 사로잡았다. 그러나 도대체 얼마를 먹고 팔아야 하는가? 그 재료라는 것은 대체 무엇이며 언제 공지되는가? 이것을 모르는 개미들은 언제나 작전주에 당할 수밖에 없는 구조임을 나는 또 망각하고 만 것이다.

 12월 21일 월요일 오후, 메디포스트의 주가는 급등해 4만 5,200원까지 올랐다. 9.7% 수익률을 보았는데 실체 없는 주식에 이 정도 수익률이면 사실 엄청난 성공이며 얼른 빠져나와야 했다. 그 불안함의 촉을 느꼈기에 나는 여자친구에게 '변동성이 큰 주식이니 이것만 먹고 빠질까?'라고 카톡을 보냈다.

여자친구가 카톡을 읽고 답변을 보내는 데 6분 정도가 걸렸다. 그 사이 주식 가격이 4만 2,500원까지 내려갔다(그림의 1번 화살표). 6분만에 6.3%가 빠지는 것은 사실 개잡주들에는 비일비재한 일이다. 지난 3년 동안 정석과 맹세를 착실히 따라온 나는 이 상황이 너무나 오랜만이라 외상 후 스트레스 장애에 걸린 사람처럼 패닉과 두려움, 과거 기억에 시달리며 사고가 멈췄다. 12월 21일 종가는 4만 1,950원이었다. 고작 1.8% 먹고 정리하다니! 홀딩하자. 나는 이미 도저히 이성적인 판단을 못하고 있는 상태였다. 다음 날인 12월 22일 전체 코스피는 44포인트 폭락했고 코스닥 역시 24포인트 하락했다. 메디포스트는 850원 하락해 4만 1,100원이었는데 내 평단가는 4만 1,200원이였기 때문에 아직 기다려볼 만하다고 생각했다.

12월 23일 8시 30분부터 나는 계속 새로고침 버튼을 누르며 혹시나 공지나 뉴스가 뜨지 않나 확인했다. 심지어 샤워를 하면서도 말이다. 머리를 감고 씻는 10분 동안에도 충분히 10% 이상 폭락할 수 있다는 생각이 들었다. 아아, 사실은 그런 걱정이 들 만한 주식은 절대로 투자하면 안 되는 것이다.

10시 20분 다시 주식을 확인했을 때 4만 2,800원이던 주가는 3만 7,700원이 되어 있었다(그림의 2번 화살표).

메디포스트, LG화학과 기술이전 계약. 계약 규모와 계약금 액수도 밝히지 않은 채, 정식 뉴스도 공지도 아닌 찌라시같은 기사가 떴다. 그

나마 3만 7,700원은 빠져 나올 수 있는 가격이었다. 초보와 바보, 중독자들은 여기서 물타기를 하고, 작전세력은 설거지를 하는 구간이다. 실제로 12월 23일 10시 20분에서 11시까지 3만 7,000원대를 횡보했다. 탈출할 수 있는 마지막 기회였다.

현명한 투자자라면 재료가 소멸된 작전주를 더 들고 있지 않는다. 하지만 나는 여기서 욕망 앞에서 인간이 얼마나 나약해질 수 있는지 다시금 깨달았다. 그렇게 뼈아픈 수업료를 내고 배우고 경험한 것들을 까맣게 잊은 채, 실로 오랜만의 손이 떨리고 숨이 잘 쉬어지지 않는 공황을 경험했다. 결국 나는 장이 끝날 때까지 손절하지 못했고 주가는 3만 5,250원까지 떨어졌다.

왜 팔지 못했을까? 반등할 거라고 확신해서 팔지 않은 것이라면 물타기를 했어야 했다. 어떤 예측도 판단도 못한 채 다시 오르기를 기도하고 있었던 것이다. 3년 만에 느끼는 나약함에 스스로 실망하며 내일 장초에 오르지 않으면 무조건 던진다는 다짐을 하고 잠이 들었다.

12월 24일 크리스마스 이브. 이날 오전은 그야말로 지옥이었다. 도저히 진료에 집중하기 어려웠다. 1분만 눈을 떼도 주가가 폭락할 것 같다는 두려움에 휩싸였다. 오후 1시 20분부터 주가가 폭락하기 시작해 5% 가까이 떨어졌다. 밥을 먹는 사이에 더 폭락할까 두려워서 매도 창을 띄워놓은 상태로 식사했다.

나는 실패를 인정했다. 이것은 투자도 도박도 그 무엇도 아니었다. 마지막 이성과 의사로서의 책임감, 직업적 소명을 붙잡기 위해 오후 2

시 31분 3만 3,900원에 586주를 매도했다. -420만 원의 손실이 너무 뼈아팠지만 말이다. 환자에게 집중할 수 없다는 죄책감과 실망감을 도저히 견딜 수 없었다. 크리스마스 이브에 정신과를 찾은 환자들이었다. 지금 내가 집중해야 할 건 주식이 아니라 환자였다. 물론 420만 원은 엄청나게 크고 아까운 돈이었다. 하지만 놀랍게도 메디포스트를 모두 매도한 그 순간, 나는 원래의 여유를 되찾았다.

투자가 일상과 본업을 방해해서는 안 된다. 이는 가장 중요한 원칙이기도 하다. 사람은 같은 실수를 반복하도록 설계되어 있다. 인간은 실수를 통해 배우고, 이제 더 이상 같은 실수를 하지 않을 거라고 자만하기 때문이다. 그렇다면 같은 실수를 반복하지 않으려면 어떻게 해야 할까?

우선 앞에서 언급한 결과론과 후견 편향 같은 여러 인지적 오류의 함정에 빠지지 않아야 한다. 또한 지나친 자책과 되새김질을 하지 않는 것이 중요하다. 여기서 한 걸음 더 나아가 뇌를 시스템적으로 설계해야 한다. 문제점을 인지하고 각인하려면 세 단계를 거쳐야 하는데 '인지(Cognition) → 감정(Emotion) → 행동(Behavior)'이다. 이 세 단계의 과정을 거쳐야 기억이 뿌리를 내려 같은 실수를 반복하는 것을 줄일 수 있다.

1단계 : 인지

첫 단계는 실수를 정확하게 인지하고 기억하는 것이다. 인지 과정에

기억의 종류

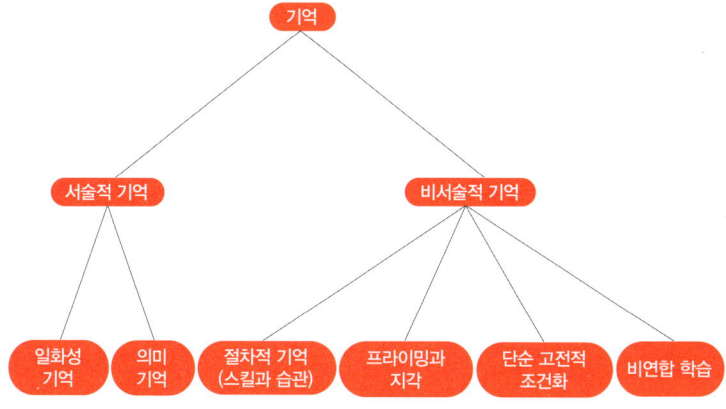

서는 우선 기억의 분류와 선택 절차가 필요하다. 기억에는 서술적 기억(Declarative Memory)과 비서술적 기억(Non declarative Memory)이 있다. 서술적 기억은 외현 기억(Explicit Memory)이라고도 불리며 우리가 일상에서 매일 겪는 일화성 기억(Episodic Memory), 상식이나 객관적 지식인 의미 기억(Sementic Memory)으로 구성된다. 서술적 기억이 우리의 의식에 존재하는 반면, 비서술적 기억은 무의식에 자리한다. 비서술적 기억은 절차적 기억(Procedural Memory), 프라이밍과 지각, 고전적 조건화 등으로 구성되는데, 이 중에서도 중요한 것이 절차적 기억이다.

절차적 기억은 자전거 타기, 피아노 치기처럼 우리 뇌의 깊은 곳에 코딩되어 한 번 배워 놓으면 어지간해서는 잊어버리지 않는 것이다.

단순한 암기가 아니라 그 원리를 이해하는 작업을 거치기에 열 살 때 마지막으로 탄 자전거를 성인이 되어서 다시 시도해도 그리 어렵지 않게 탈 수 있다. '몸이 기억한다'고 표현하는 것들이 보통 이 절차적 기억이다. 무수히 많은 정보와 사건을 중요도 순으로 선택하고 분류하여 각각의 작은 기억의 방에 잘 정리해두어야 한다. 그래야만 원하는 기억을 필요한 타이밍에 효율적으로 불러옴으로써 같은 실수를 반복하지 않을 수 있다. 내가 했던 주문 실수나 판단 미스들을 손실액이나 실수했던 방식에 따라 기록하고 저장해두는 것도 기억을 정확히 유지하는 데 도움이 된다.

2단계 : 감정

투자에서 똑같은 실수를 반복하지 않기 위해서는 내가 한 실수를 서술적 기억이 아니라 절차적 기억으로 변환시키는 것이 중요하다. 그러기 위해서는 기억에 감정을 부여해야 한다. 어리석은 오류와 선입관들로 손실을 봤던 이벤트를 그냥 흘려 넘기지 말고 괴롭겠지만 꼼꼼히 복기하는 작업이 필요하다. 보통 이럴 때 분노와 짜증, 불안, 자책 같은 감정들이 우세한데 이러한 감정들은 매우 예민하지만 본질적으로 불안정하다. 이러한 감정이 부여된 기억들은 차후 나의 감정이나 컨디션, 신체적 변화에 따라 변동성이 무척 심하기 때문에 절차적 기억으로 오래 자리잡는 데 실패할 수밖에 없다.

따라서 패닉셀링이나 실수로 큰 손실을 보았다면 당일이나 다음 날이 아니라 일주일 후와 한 달 후 내가 한 실수를 다시 복습하는 것이 매우 중요하다. 가능하면 매달 한 번씩 하는 것도 좋다. 내가 한 실패를 직면하기 위해서는 어느 정도 손실을 회복했거나 시간적으로 여유를 좀 가진 다음에 하는 것이 좋은데 그래야만 충동적인 감정이 아니라 중립적이고 이성적인 감정이 들기 때문이다.

3단계 : 행동

기억에 대한 감정적 부여가 끝났으면 다음은 이를 행동으로 옮겨보자. 실수를 반복하지 않기 위한 루틴을 만드는 마지만 단계인데, 작은 실천을 반복해서 축적해나가는 것이다. 간단히 말하자면 머리로만 아는 것을 실제로 여러 번 실행하는 것, 인지하고 감정을 부여하고 행동하는 작업을 반복해서 공식으로 자리잡게 한다.

우선 모든 종류의 매수 방법과 매도 방법을 골고루 연습해볼 필요가 있다. 당신의 총 자산이 5,000만 원이라면 그중 1%인 50만 원을 이 연습에 투자해보자.

전일 종가가 5만 원 정도 되는 종목 하나를 정해서 우선 10주 정도를 매수하기로 한다. 2주는 시장가로 사고 2주는 장중에 현재가로 산다. 4만 5,000원에 매수 주문을 2주 걸어 두고는 기간을 정해서(15일 정도) 4만 원에 예약 주문을 2주 걸어둔다. 나머지 2주는 시장외종가로 매수한다.

이를 매도할 때도 똑같이 연습해보는 것이 좋다. 2주는 시장가로 매도하고 2주는 현재가로, 2주는 장중 5만 5,000원에 매도 주문을 걸고 예약 주문으로는 6만 원에 2주 매도 주문을 건다. 그리고 남은 2주는 시장외종가로 매도한다. 이를 통해 자연스럽게 분할매수와 매도 방법의 차이를 몸에 익힌다. 그리고 종목을 바꿔가면서 이 연습을 최소 50번 이상 반복해보자. 우리의 서술적 기억은 절차적 기억으로 변할 것이고 우리의 의식은 무의식이 될 것이다. 습관과 루틴의 힘은 강하다. 이 반복을 통해 우리는 자신도 모르는 사이 충동적이고 조급한 투자자가 아니라 차분하고 합리적인 투자자로 거듭날 수 있다.

물론 이러한 과정을 5,000번 반복한다고 한들, 다시는 실수하지 않는다거나 매매 타이밍을 완벽하게 깨우치는 현자가 될 수는 없다. 애초에 투자는 욕망에서 기인한 행동이기에 어찌 보면 결말은 정해져 있다. 아마 우리는 같은 실수를 또 반복하게 될 것이다. 나도 하고 당신도 하며, 손정의 회장이나 워런 버핏 역시 실수한다. 다시 맹세를 어길 것이고 패닉에 빠져 허둥지둥하다 손실을 볼 게 분명하며 자책할 수 있다. 하지만 걱정 마라. 얻어 맞으면서도 배우는 것이 있다.

우리가 깨닫고 얻어야 할 것은 '실수하지 않는 방법'이 아니라 '실수를 줄여나가는 방법'이다. 주식투자는 1등만 살아남는 레이스나 오디션이 아니다. 어제의 나보다 아주 조금씩만 발전하면 된다. 물론 쉽지 않은 일이다. 하지만 어쩌겠는가? 대학에 가려면 영어와 수학을 배제할 수 없듯이 2021년을 살려면 어차피 우리는 주식 공부를 포기할 수 없다. 투자 지능을 키우지 않고서 경제적 자유를 얻는다는 것은 한없이 요원한 일이다. 반복되고 예정된 실패의 축적 속에서 포기하지 않고, 어제의 나로부터 교훈을 쌓아간다면 당신은 분명 현명한 투자자로 조금씩 성장할 수 있을 것이다.

나쁜 결과를
뻔히 알면서도

나는 서울대병원 정신과에서 1년간 중독 전문가 과정을 거쳤는데, 무수히 많은 도박 중독자와 상담하면서 가장 이해가 안 되는 부분이 하나 있었다. '왜 돈을 잃을 가능성이 훨씬 높다는 걸 알면서도 벗어나지 못하는 걸까'였다.

"선생님, 강원랜드를 얼마나 다니셨죠?"
"25년 됐습니다."
"지금까지 얼마나 잃으셨죠?"

"모르겠어요. 10억 원은 넘고 12억 원은 좀 안 되는 거 같네요. 허허허."
"혹시 카지노 게임들의 승률을 알고 계시나요?"
"네 블랙잭 같은 경우 42~43%, 룰렛은 44%, 슬롯머신은 35%, 바카라가 그나마 제일 높은 편인데 46~47%로 알고 있습니다."
"그러면 그 의미를 아시는지요?"
"네. 많이 하면 할수록 결국 돈을 잃는다는 거지요."
"그걸 아시면서도 왜 계속 카지노를 가시나요?"
"그러게 말입니다."

현명한 사람이라면 이러한 승률을 안 순간 다시는 카지노를 가지 않겠지만 인간은 어리석은 도파민의 노예들이다. 많은 사람들은 흔히 도박 중독자들이 도박을 끊지 못하는 이유가 '본전을 다시 찾으려고' 혹은 '다음 번엔 딸 거라고 믿어서'라고 생각한다. 그렇지 않다. 그들 역시 승률이 엄청나게 낮은 승부란 걸 알고 있고, 다음 번에도 잃을 확률이 크다는 것을 안다. 그저 도박이 너무 좋아서, 다른 것으로 대체할 수 없는 쾌감을 주기에 하는 것이다.

우리가 중독에 빠지게 되는 원리는 자극과 반응의 고전적 조건화 학습 때문이다. 이렇게 말하면 뭔가 복잡하고 어렵게 들리지만, 파블로프의 개 실험이라고 하면 대부분 알 것이다. 특정한 자극이 주어질 때 어떤 반응이 생길지를 학습시키는 작업. 음식을 줄 때마다 종소리를 울렸더니, 나중엔 음식을 주지 않고 종소리만 들려도 침이 고이더라는 내용이다.

이는 도파민 보상회로의 기대값 때문이다. 음식으로 인한 만족감이 우리 뇌의 보상회로에 기억되면 다음 번 자극에도 비슷한 만족감과 쾌감을 기대하게 되고, 그에 따른 반응이 나타난다. 도박을 해서 돈을 땄을 때의 흥분, 설레임, 기대감이 보상회로에 각인되어 있기에 도박을 할 때마다 도파민과 쾌감을 회상하게 만든다. 그로 인해 실제로 돈을 따지 못하더라도, 카지노에 입구에만 들어서도 이미 흥분과 기쁨을 느낀다. 마치 소풍 온 어린이처럼 말이다.

반복된 자극과 쾌락으로 도파민 보상회로가 뜨거워지면 이미 평범한 자극으로는 성에 차지 않는다. 게임, 쇼핑, 맛있는 음식이나 심지어 성욕으로도 채워지지가 않는다. 오로지 도박만이 이들을 만족시킬 수 있는 유일한 방법이기에, 도파민이 폭발하는 분출감, 마약 같은 고양감을 다시 느끼고 싶어서 심지어 돈을 계속 잃어도 자꾸 카지노에 가는 것이다.

그렇다면 주식투자와 도박은 얼마나 다를까? 유감스럽게도 초보자들의 주식투자는 카지노의 바카라와 크게 다르지 않다. 예측도 분석도 없이 그저 오를 것인가 혹은 내리느냐를 맞추는 것. 이는 투자가 아닌 베팅이다.

초보자인 당신은 반론할 것이다. 그래도 나는 수익을 기대하면서 주식을 하지, 결과가 나쁠 것이라 예상하면서 주식을 하는 것은 아니라고. 과연 그럴까?

  냉정하고 이성적으로 다시 생각해보자. 재무제표도 읽을 줄 모르는 초보자가 "주식은 전문가 필요없어. 다 운과 타이밍이야"라며 투자할 때 과연 성공 가능성이 높을까? 아니, 애초에 당신이 돈을 맡겨서 대리투자를 한다면 키움증권의 10년차 애널리스트와 일반인 중 누구를 선택할 것인가?

  초보 투자자인 당신이 아무 준비 없이 까막눈 투자를 반복하는 것은 낮은 승률을 몰라서가 아니다. 이게 위험한 행동임을, 실패 확률이 더 높다는 것을 알고 있다. 한 달 월급에 가까운 돈을 하루에 벌거나 잃을 수 있다는 쾌감과 강렬한 위기감, 그 달아오른 도파민의 기억이 당신을 주식투자로 계속 이끄는 것은 아닌가? 다행스럽게도 주식투자와 도박이 결정적으로 다른 점 하나가 있다. 바로 공부하는 만큼 확실히 승률을 올릴 수 있다는 것이다. 당신이 중독자가 될지, 투자자가 될지는 투자에 임하는 당신의 태도와 방향성에 달려 있다.

주식에도
방어기전이 존재한다

방어기전(Defense Mechanism)이란 정신 분석에서 쓰이는 말로, 자아가 위협받는 상황에서 무의식적으로 자신을 속이거나 상황을 다르게 해석해 감정적 상처로부터 자신을 보호하는 행위를 말한다. 즉, 자신의 멘탈과 자존감을 보호하기 위한 일종의 방패라고 이해하면 된다. 일반적으로 주식투자자들이 많이 사용하는 방어기전의 종류는 일곱 가지다.

1) 투사

투사는 자신의 실수나 받아들일 수 없는 결과에 대한 책임을 타인이나 주변의 환경 탓으로 돌리는 것이다. 예를 들면, "내 주가가 떨어진 건 다 정부 때문이야. 코로나만 아니었어도" 혹은 "영철이 말을 듣고 주식을 산 게 실수야. 다 그 녀석 탓이야"라고 하는 경우다.

2) 부정

부정은 받아들이기 힘든 현실과 사실을 거부하거나 회피함으로써 인정하려 들지 않는 것이다. 현대자동차가 폭락한 사실을 뉴스에서 접하고도 오보일 것이라 믿는 것이 그 예이며, 보유 종목의 주가가 계속 떨어지는 것을 인터넷으로 확인하고도 오류라고 생각한다.

3) 퇴행

퇴행은 해결하기 힘든 상황이나 스트레스에 직면했을 때 미성숙하고 어린 시절로 돌아가는 것이다. 주가가 폭락할 때 울거나 심할 경우 충격으로 오줌을 지릴 수도 있다. 해결하려는 의지나 사고를 포기하고 어린아이처럼 떼를 쓰기도 한다. 얼마 전 인터넷에 올라온 질문 중 "주식투자 처음 한 사람인데요. BTS만 믿고 산 빅히트 주식이 폭락했는데 이거 환불처리 안 되나요? 도와주세요"라고 한 것이 여기에 해당한다.

4) 억압

억압은 의식에서 용납하기 어려운 생각, 욕망, 충동을 무의식속으로 눌러 놓는 것이다. 불쾌한 감정이나 불안 등을 차단하는 것으로 가장 흔히 쓰는 방어기전이다. 투자했다가 상장폐지된 종목의 이름을 기억하지 못하는 것, 큰 손실이 났었던 종목들의 매매 사실을 정확히 떠올리지 못하는 것이 여기에 해당한다.

5) 억제

억제는 불쾌한 감정이나 경험, 사건들을 의식적으로 잊어버리려고 노력하는 것이다. 억압이 그냥 억지로 잊어버리려 애쓰는 것이라면, 억제는 비교적 성숙한 방어기전으로 자신을 설득하기 위한 나름의 논리와 이유를 제시한다. 예를 들면 친구의 추천으로 산 주식이 폭락해서 화가 났지만 '나쁜 의도로 그런 게 아니니 그럴 수도 있지'라고 생각하는 것이다.

6) 취소

취소는 충동적인 행동이나 실수에 대한 후회와 죄책감을 피하기 위하여 상징적인 방법을 통해 무효화시키려고 하는 것이다. 아무 계획이나 분석 없이 상한가를 치는 주식을 추격 매수한 뒤, 후회하면서 주식 HTS 어플을 삭제하는 경우다. 투자와 전혀 상관없는 방식으로 자신에게 벌을 주기도 한다. "이번 달 용돈은 한푼도 안 써야지" "식비를 아껴야겠다" "라면으로만 때우겠다"라는 식으로 말이다.

7) 분리

분리는 흑백논리로 모 아니면 도의 방식이다. 중간이나 어중간한 것은 의미가 없다고 생각하는 것이다. 변동성이 매우 높은 고위험주에만 투자하고 기대 수익률은 최소 200% 이상을 바라며 대박 아니면 상장폐지라는 전략으로 접근하게 된다.

이 중 몇 가지는 당신도 경험한 적이 있을 것이다. 의식적으로는 부정하지만 자신도 모르는 사이 무의식적으로 작동했을 수도 있다. 앞서 언급한 방어기전들은 억제를 제외하면 기본적으로 미성숙한 것들이다. 자신의 실수를 숨기거나 변명하고 싶고, 불안으로부터 회피하기 위해 나도 모르게 나오게 된다. 하지만 이러한 방어기전들을 나쁘게만 봐서는 안 된다. 실패와 갈등으로 인한 좌절과 트라우마, 되돌릴 수 없는 상처와 불안으로부터 우리를 보호해주는 역할을 하기 때문이다. 투자에 크게 실패했을 때(1억쯤 날렸다고 가정하자) 모든 책임을 자기 탓으로 돌리는 건 일견 성숙하고 어른스러워 보이지만 심각한 자기 비하와 우울감을 야기한다. 만성화된 우울감은 마치 외상 후 스트레스처럼 예기 불안과 실패에 대한 생생한 재경험을 발생시켜 다시는 투자하기 싫어지게 만든다. 따라서 미숙해 보이는 방어기전들은, 실은 우리로 하여금 한 번의 실패에 무너지지 않고 재도전을 하기 위한 용기와 지속성을 주는 아군인 것이다. 투자의 긴 여정에 있어 시행착오는 필수적인 것이며 그 과정 속에서 우리는 투자자로서의 정체성을 찾아 나간다. 자신의 방어기전을 갈고닦으면서 말이다.

앞에서 언급하지 않은 방어기전 중에 우리가 일상에서 가장 흔하게 쓰는 것이 있다. 친구, 가족, 연인과 다투거나 크고 작은 나쁜 일이 생겼을 때 우리가 항상 써먹는 것이다. 심지어 이솝 우화에 나오는 여우도 마찬가지다.

"저 포도는 신맛이 나는 포도야, 굳이 힘들게 먹을 필요가 없지."

바로 합리화다. 자존감을 유지하고 죄책감을 잊기 위해 그럴듯한 이유를 대는 것, 용납하기 힘든 실수를 정당화하고자 무의식적으로 변명하는 행위다.

회사에 지각해서 상사에게 크게 혼났을 때 '어차피 지각을 안 했어도 저 사람은 나를 미워하니까 언젠가는 혼났을 거야'라고 생각하는 것이다. 합리화는 현실 부정과 투사가 조합되어 파생된 2차적인 방어기전이다.

예를 들어 중요한 시험을 망쳤을 때 "아 몰라, 어떻게든 되겠지! 몸살이 심했어"라고 말하는 것보다 "집에 안 좋은 일이 생겨서 걱정하느라 시험 공부를 못 했어. 아마 공부를 열심히 했어도 집중이 안 돼서 시험을 망쳤을 거야. 다음엔 이런 일이 없도록 교훈으로 삼으면 돼"라고 하면 뭔가 성숙하고 아주 그럴싸해 보인다. 자신의 실수를 인정하면서도 뭔가 깨달음을 얻었으니 다음 번엔 같은 실수를 하지 않을 것처럼 느껴진다. 하지만 실상은 전혀 그렇지 않다.

그냥 인정해버리면 될 것을 우리는 왜 이렇게 피곤한 소모를 하는 걸까? 그리고 어떤 사람이 합리화의 함정에 자주 빠지게 될까? 실패로 인해 다른 사람이 나를 무시하지 않을까 혹은 인정받지 못하면 어쩌지 하는 불안감이 우리로 하여금 변명하게 만든다. 여유가 없고 자존감이 낮을 때 우리는 수용이 아닌 합리화를 사용한다. 상대방이 어떤 조언이나 평가를 해줄 때, 합리화에 빠진 사람은 조급한 나머지 이를 경청하지 못하며, 말이 끝나기도 전에 변명하거나 받아 친다. "그게 아니라, 사실은…." 이런 식으로 말이다.

앞에서 우리가 쓰는 방어기전들이 때로는 미숙할 수 있으나 투자자로서의 성장을 위해 필요한 것이라 언급했는데, 합리화만큼은 예외다. 아무런 도움이 되지 않는다. 주식투자에 실패했을 때 초보자들은 이렇게 말한다.

"아무것도 모르고 들어간 거니까 좋은 경험했지 뭐."
"전문가들도 지금 장은 다 모른다고 하더라. 내가 초보가 아니었어도 대응하기 힘들었을 거야."

어찌 보면 이러한 합리화는 자책이나 지나친 비관에 빠지지 않고, 자존감과 멘탈을 지켜주는 긍정적인 태도로 보인다. 물론 한 번의 실패로 인해 '난 멍청이야! 다시는 투자 안 해'라고 생각하거나 무조건 남의 탓을 하는 방어기전을 쓰는 것에 비하면 합리화는 그나마 성숙한 것처럼 보인다. 하지만 합리화에 익숙해지면 다음의 문제들이 생긴다.

- 무의식적으로 자기 자신을 속이게 된다.
- 많은 시간과 에너지를 변명하는 데 낭비한다.
- 똑같은 실수를 다시 반복하게 된다.

자신의 실수를 수용하고 곱씹어 복기하는 것은 무척 괴롭고 어려운 작업이다. 내가 부족하다는 것을 인정하는 것은 자존감이 높은 사람만이 가능한 일이다. 반면, 그럴 듯한 변명으로 자신에게 면죄부를 주는 것은 훨씬 쉽고 달콤하다. 스스로를 위로하고 지지해주다 보면 어느새 실패의 고통은 희미해진다. 그때 초보자들은 또 무모한 투자를 한다. 첫 번째와 똑같은 방식으로, 그 어떤 사전준비나 공부도 없이 말이다. 이들은 진정한 의미의 반성이 아니라 주변과 자신을 납득시킬 그럴 듯한 이유를 찾아내는 걸 더 중요시한다. 즉, 실패의 원인을 깨닫고 발전하는 데 써야 할 시간과 에너지를 변명과 자기보호에 투자하는 것이다.

초보 투자자인 당신이 미숙하고 모자란 것은 너무나 당연하다. 설령 어이없는 실수로 견딜 수 없이 부끄럽고, 남들에게 비난과 질책을 받는다 하더라도, 그 두려움을 직면하고 견뎌내야 한다. 그 과정을 감내하지 못한다면 현명한 투자자가 되는 길은 요원하다. 변명과 핑계를 반복하는 사람은 절대로 진지한 반성과 숙고를 하지 않는다. 자신도 모르는 사이에 조금씩 매너리즘에 침식되어 무기력해질 것이다. 합리화의 함정에 빠져서 헤어나오지 못한다면, 1년 뒤에도 10년 뒤에도 당신의 투자 지능은 제자리를 맴돌 수밖에 없다.

TIP

문과생과 이과생, 누가 더 투자를 잘할까?

주식투자를 할 때 감성적인 사람과 이성적인 사람 중 누구의 수익률이 더 좋을까? 사실 이것은 '문과생 vs. 이과생 누가 투자를 더 잘할까?' 만큼이나 의미 없는 논제이지만, 누구나 한 번쯤은 궁금해했을 이야기다. 설문조사를 한다면 아마 이성적인 사람이 잘할 것이다라고 생각하는 비율이 좀 더 많을 것이다. 숫자, 확률, 원칙에 입각해 판단하는 이과생들이 아마 더 주식을 잘하지 않을까 하고 생각할 수도 있다.

하지만 주식투자는 단순한 암기나 계산이 아니다. 불안과 욕망을 다스리고 대응하는 과정으로 순간적인 인지 통합 능력, 작업 기억력뿐만 아니라 유연한 판단과 미래를 볼 줄 아는 장기적인 예측과 인내심 또한 필요하다. 따라서 투자에 임할 때는 이성뿐만 아니라 감성적인 부분 모두 중요하다.

흔히 우리는 좌뇌가 이성적인 뇌이고, 우뇌가 감성적인 뇌라고들 알고 있다. 하지만 조금 더 정확히 말하자면 우리 뇌의 감성적인 부분은 주로 뇌의 중간 안쪽 부분에 위치한 변연계가 맡고 있고, 이성적인 부분은 바깥쪽 대뇌피질, 그중에서도 앞쪽에 위치한 전전두엽 대뇌피질이 주로 담당한다.

변연계는 흔히 파충류의 뇌라고 불리우는 뇌간(Brainstem)을 감싸고 있는 부분으로 인간의 1차원적인 욕망과 본능을 다루는 역할을 한다. 생존욕, 식욕, 성욕, 공격욕 등 인간의 가장 적나라하고 강렬한 충동과 욕망으로 인해 느끼는 불안, 공포, 분노 등의 수많은 감정이 만들어지는 곳이다. 전두엽은 이러한 변연계의 감정들을 자제하고 계산하며 효율적으로 판단하는 역할을 한다.

뇌간을 1차원의 뇌, 변연계를 2차원, 전두엽을 3차원적인 뇌라고 부르기도 하며, 뇌간을 체육특기생, 변연계를 문과생, 전두엽을 이과생으로 비유할 수도 있을 것이다. 자, 그럼 주식투자를 잘 하려면 뇌의 어느 부분이 가장 발달해야 할까? 정답은 간단하다. 뇌의 모든 부분이다.

감성적인 변연계, 이성적인 전두엽 모두가 균형적으로 발달한 사람이 투자를 잘한다. 좀 더 자세히 말하면, 전두엽의 소통이 활발한, 즉 Top-down Modulation(전두엽이 변연계를 이성적으로 통제함)과 Bottom-up Modulation(변연계가 전두엽에 감정적인 신호를 전달하는 것)이 둘 다 발달한 사람이 투자를 잘한다. 즉, 뇌의 위아래 그리고 좌뇌와 우뇌의 연결이 효율적인 사람이 투자 지능이 높다고 볼 수 있다.

정확한 통계가 나온 것은 아니지만 부동산 투자는 여자가 남자보다 훨씬 잘한다는 속설이 있다. 투자 목적이건, 실거주 목적이건 집을 사려고 정할 때 남자들이 생각하는 기준은 '본인이 살고 싶은 곳'이지만 여자들의 기준은 '엄마들이 살고 싶은 곳, 아이를 키우기 편한 곳'이다. 이들은 스스로의 욕구 외에 사회적 안전망, 소통, 대인관계 등 여러 변수를 고려하고 향후 아이들의 학습 환경까지 염두에 둔다. 1차원 혹은 2차원적 사고가 아니라, 뇌의 모든 영역을 아우르고 소통하는 다차원적 사고를 한다는 의미다. 초등학교와 학원이 많고, 병원이 가까우며 편의시설이 잘 구비된 곳은 집값이 떨어질 일이 없다. 목동이나 대치동이 특히 그렇다.

이렇게 성별에 따라 사고의 흐름과 접근법이 다른 이유는 남녀의 공감 능력에 차이가 있기 때문이다. 다시 말해 좌뇌와 우뇌를 연결하는 뇌량 교각(Cerebral Commissure)의 두께가 달라서다. 뇌량 교각은 그야말로 좌뇌와 우뇌를 연결하는 다리이자 교차로 같은 곳으로 여성이 8차선의 다리를 갖고 있다면 남자는 4차선 혹은 2차선의 다리를 갖고 있다. 그만큼 병목 현상이나 교통 체증이 심할 것이기에 뇌의 각 부위가 균형적으로 소통하고 결론을 내리는 데 시간이 오래 걸리고 통합적인 사고의 효율성이 떨어질 수밖에 없다.

이 부분에서 누군가는 반론할 것이다. 에이, 그럼 여자가 남자보다 훨씬 지능이 높고 현명하다는 거야? 서울대는 여자들만 가겠네? 물론 그런 것은 절대 아니다. 1차원적, 단기적인 문제의 해결 능력은 오히려 선택과 집중에 특화되어 있는 남성이 더 잘할 수도 있다. 하지만 다차원적이고 변수가 많은 장기적인 문제의 해결 능력에 있어서는 여성들이 더 현명한 판단을 내리는 경우가 많다. 굳이 주식에 비유하자면 단기 투자는 남자가 좀 더 잘하고, 진득한 장기 투자는 여자들이 더 수익을 많이 내는 편이다. 그것은 여성의 공감 능력이 남자보다 기본적으로 높기 때문이다. 따라서 많은 초보 투자자들은 배움의 과정에 있어 반드시 공감하는 사고방식을 배우고 시뮬레이션 해볼 필요가 있다.

장기적인 투자에서 가장 큰 수익률을 내는 사람은 문과생도, 이과생도 아닌 공감하는 사람이다. 이성과 감성의 균형을 잘 갖추고 뇌의 모든 부분이 골고루 발달되어 있는 사람, 개인의 욕망과 타인의 니즈를 줄타기하면서 대세의 흐름에 거스르지 않는 사람이야말로 호모 인베스투스에 적합한 뉴 노멀이다.

PART 4

초보는
심리를 따르고
고수는
데이터를 따른다

내가 하는 것이
투자인가 도박인가

 많은 부자와 주식 전문가들이 꼭 하는 말이 있다. "돈을 위해 일하지 말고, 돈이 나를 위해 일하게 만들어라." 엄청 멋진 말이기는 한데, 초보 투자자들에게는 이해하기 힘든 선문답일 뿐이다. 그들에게 한 번 더 묻는다. "실제로 어떻게 하면 당신처럼 부자가 되나요? 구체적인 방법을 알려주세요!"

 그들은 회계를 공부하라고 조언한다. 회계는 '부자'라는 도착지까지 친절하게 안내해주는 내비게이션이라고 말한다. '회계 공부'라는 말에 당신은 긴장되고 머리가 아플 것이다. 마치 수학이나 물리, 선형

미분 같은 말을 들었을 때 느끼는 이질감과 두려움처럼 말이다.

겁먹을 것 없다. 회계사나 재무 관련 일을 하는 사람이 아니라면, 대부분이 회계에 대해 잘 모른다. 다시 말해, 전체 인구의 90% 이상은 재무제표를 제대로 읽을 줄 모른다는 이야기다. 이 말은 당신이 만약 재무제표의 기본만 이해할 수 있다면, 상위 10%의 현명한 투자자가 될 수 있다는 뜻이기도 하다. 물론 재무제표를 읽을 줄 안다고 해서 반드시 큰 투자 수익으로 이어지는 것은 아니다. 요행을 바라거나 기적을 신봉하는 이들은 초심자의 행운이나 지인들의 무용담을 들먹이며 반론할 것이다. "내 친구는 주식에 대해 하나도 모르는데 몇억을 벌었대." 하지만 이 말은 일주일 공부한 학생 A가 쪽지 시험에서 70점을 받았는데 공부를 전혀 안 하고 다 찍은 학생 B가 90점을 받은 것을 보며 공부 그까짓 거 다 소용없다고 결론을 내리는 것과 같다.

투자는 단판 승부가 아니다. 수십 번, 수백 번의 매매, 몇 년의 장기 투자 결과를 비교했을 때도 과연 전문가보다 일반인의 성적이 더 좋을까? 고등학교 3년을 매일 꾸준히 공부한 학생의 내신 성적과 매번 운을 바라며 벼락치기나 찍어서 시험을 본 학생의 성적 중 누가 우수할지, 사실 우리는 능히 짐작할 수 있다.

모두가 아는 사실을 애써 부정하는 이유는 무엇일까? 회계가 어렵다는 선입관 때문이다. "내가 매일 출근하고 애들 뒷바라지하고, 본업만으로도 바빠 죽겠는데 굳이 돈 공부까지 열심히 해야 해?" "과연 기회비용만큼 보상이 있을까?"

대부분의 사람들이 당신처럼 게으르다. 90%의 사람은 서울대를 나왔든 의사든 변호사든 간에 회계 공부를 평생 한 번도 하지 않는다. '그렇게 하지 않아도 어찌어찌 살아지겠지. 잘 아는 지인에게 물어보면 돼' 같은 생각으로 투자에 임한다. 이러한 방심이 차곡차곡 쌓여서 아직도 당신을 돈의 하인으로 만들고 있다.

잠자는 사이에도 돈이 나를 위해 일하게 하는, 즉 돈의 주인으로 살고 싶다면 지금 당장 공부를 시작해야 한다. 가장 기본적인 몇 가지만 공부해도 당신은 투자에 관해서는 금방 상위 10%에 해당하는 사람이 될 수 있다. 세상에 이렇게 가성비가 좋은 일이 어디에 있다는 말인가? 영어를 배워도 유창해지기까지는 3년이 걸리고, 운동을 꾸준히 해도 상위 10%에 도달하려면 어림도 없다. 사람들이 어렵고 귀찮아 아무도 하지 않으려는 분야, 바로 그곳에 성공의 빈틈, 아슬아슬한 기회가 숨어 있다.

내가 회계 공부를 시작한 것은 2019년 8월 즈음으로 불과 1년 반 정도밖에 되지 않았다. 그전까지 나는 부끄럽게도 자산과 자본이 무슨 차이가 있는 줄도 몰랐다. 금융 문맹은 질병이고 난 상태가 심각한 환자였다. 무엇 때문에 손실이 나는지도 모르는 채 실패하고 있었다.

지금 생각하면 과거의 내가 했던 것은 투자가 아닌 도박에 가까웠다. 초보자들은 주로 주식이 폭락할 때 매수한다. 떨어지는 원인에 대해서는 일절 궁금해하지 않고, 그저 백화점 명품이 특가세일을 하는 것처럼 달려든다.

SK하이닉스나 현대자동차 같은 주식이 5% 이상 급락했을 때 초보자들은 생각한다. '지난달보다 거의 10%나 떨어졌네? 대기업은 조만간 곧 주가를 회복하겠지? 은행 이자도 1.5%밖에 안 되는데 정기예금, 적금보다 훨씬 낫네, 들어가자!'

'많이 떨어졌으니 곧 오르겠지!'라니. 이 얼마나 안일한 생각인가. 이런 생각을 자주 하는 부류가 또 있다. 바로 카지노의 도박 중독자들이다. '이번에 홀수가 나왔으니 다음엔 짝수가 나올 확률이 높겠지'라고 생각하는 도박사의 오류(Gambler's Fallacy)를 범한다. 이미 지나간 사건은 현재의 확률에 아무런 영향을 주지 못하는데도 개연성이 있다고 판단하는 인지 오류다. 만약 홀수가 10번 연속 나왔다고 하더라도 다음번에 짝수가 나올 확률은 여전히 50%다.

초보자들은 네이버 증권만 검색해도 볼 수 있는 재무제표를 전혀 신경 쓰지 않고 그냥 최근 고점이 얼마였고 저점이 얼마였으니 이 정도는 곧 회복할 것이라는, 아무 근거 없는 믿음에 기초해 투자를 시작한다. 대기업이 망하겠어? 물론 대기업은 어지간해선 절대로 망하지 않는다. 하지만 개미들은 언제, 어디서나 망할 수 있다. 삼성전자 같은 우량주만 투자한다고 해도 말이다. 초보자들은 주가가 단기간에 10~20% 하락하면 기업도 그만큼 큰 타격을 입는다고 생각한다.

'에이, 주가가 계속 흘러내리게 놔두겠어? 자사주 매입이나 무상증자를 해서 주가를 회복시키겠지!' 엄청나게 안일한 생각이다. 대기업은 주가의 단기적인 변동에 별로 영향을 받지 않는다. 오히려 개발 투자나 순이익 조정과 관리, 분식회계 등 의도적으로 주가를 낮추는 경우도 있다. 1년 정도 주가가 지속적으로 우하향 곡선을 그린다고 해도 의외로 기업의 재무구조나 이익과는 크게 상관없다. 돈이 묶이고 손해를 보는 것은 오직 개미들뿐이다.

왜 내가 사면
주식이 떨어지는가!

 왜 내가 주식을 사기만 하면 오르던 주가가 갑자기 떨어질까? 왜 폭락하던 종목이 내가 팔자마자 바로 오르는 걸까? 과연 우연일까? 아니면 내가 지지리도 운이 없어서? 내가 손만 대면 똥이 되는 '똥손'이라서? 모두 아니다. 이것은 초보자인 우리가 주식투자의 기본, 특히 공매도의 개념을 전혀 모르기 때문이다.
 공매도란 주가 하락이 예상되는 주식을 미리 빌려서 파는 것을 말한다. 즉, 내가 갖고 있는 주식이 전혀 없는 상태에서 매도 주문을 먼저 행사하는 것이다. 실제로 없는 주식을 먼저 팔고 나서 결제일이 돌아오는 3일 안에 해당 주식을 구해서 매입자에게 돌려주면 되는 것으로, 권리를 먼저 팔고 실제 주식으로 나중에 갚는 개념이라고 보면 된다.

공매도는 개미들의 천적으로 무수히 많은 개미들이 공매도에 피눈물을 흘리며 한강으로 갔다. 한창 시끄러웠던 2020년 8월 신라젠 주식을 예로 들어보자. 투자회사 A는 2020년 8월 5일, 신라젠이 곧 폭락할 거라 판단하고 주당 2만 1,000원에 100만 주를 미리 매도 주문을 걸었다. 그리고 3일 후인 8월 8일 예상대로 주가가 1만 4,000원까지 떨어졌다. A 회사는 1만 4,000원에 주식을 사서 결제하고 주당 7,000원, 총 70억 원의 시세차익을 얻게 되었다.

이렇듯 단기간에 아주 큰 수익을 낼 수 있는 방법이 공매도다. 문제는 예상대로 주가가 하락하게 되면 엄청난 시세차익을 낼 수 있지만, 예상과 달리 주가가 상승하게 되면 공매도 세력은 실로 막대한 손해를 입는다. 또 3일 안에 매도한 만큼의 주식을 확보하지 못해 결제일에 주식을 입고하지 못하면 결제불이행 사태가 발생할 수도 있다. 이를 막기 위해서 공매도에 투자한 세력은 수단 방법을 가리지 않고 의도적으로 주가를 폭락시킨다. 이들은 무척 조직적이고, 준비한 자본금의 단위가 최소 수천억에 달하기 때문에 개미들이 제아무리 힘을 모아 저가 매수에 나서도 절대 주가 방어가 되지 않는다. 즉, 세력이 공매도를 치기로 마음먹은 주식은 한동안 절대 반등하지 못한다. 세상에 이럴 수가 있나 싶을 정도로 속절없이 떨어지고 만다.

물론 개미들도 공매도에 대한 나름의 집단지성, 대책을 강구한다.

폭락이 시작되면, 토론방에서는 "개미털기다, 물량 매집하려고 의도적으로 떨어뜨리는 겁니다"라며 패닉에 빠진 이들을 수습한다. 어지간한 하락으로는 개미들도 이제 겁을 먹지 않는다. 내성이 생겼기 때문이다. 서로의 전략을 공유하며 족보를 알려주기도 한다. 20일 이평선(이동평균선)=손절 포인트라거나, 하한가를 맞이하는 종목의 매도대기 물량이 갑자기 줄어들면 반등의 신호라던가 하는 것들이다.

문제는 공매도 세력들이 개미들의 초보적인 전략 정도는 이미 꿰뚫고 있어 역으로 이를 이용한다는 것이다. 그 결과, 잘 나가던 종목이 내가 매수하기만 하면 폭락하거나 반대로 내가 주식을 팔자마자 바로 폭등하는 광경을 보게 된다.

따라서 종목에 대한 이해 없이, 공매도에 대한 대비 없이 주가가 폭등한다고 함부로 추격매수, 따라잡기를 하거나 폭락했다고 한 번에 주워 담으려 해서는 안 된다. 하지만 유감스럽게도 개미들이 저가 매수에 나설 때는 그야말로 백화점 초특가 세일을 본 듯이 무턱대고 달려든다. 사전에 신중하게 몇 군데 손절 지점을 설정해두고 계획적으로 분할매수를 해야 하는데, 정신을 차려보면 이미 물타기할 여유 자금도 없이, 자산을 전부 쏟아부은 자신을 목도하게 된다.

2020년, 코스피가 3000을 돌파한 동력에는 여러 요인이 있겠으나 그중 가장 중요한 것 중 하나가 바로 공매도를 금지한 점이다. 하지만 2021년 5월부터 코스피 200과 코스닥 150종목에 대해 부분적으로 공매도를 다시 허용하기로 해 벌써 많은 개미들이 급락의 공포에 떨고 있다.

그렇다면 우리는 어떻게 해야 할까? 다가올 위험에 불안해하며 그저 기도하는 것이 정답일까? 아니다. 초보자에게도 전략이 있다. 오늘부터 조금이라도 현명한 개미가 될 계획을 하나씩 세워둬야 한다. 그 전략은 다음과 같다.

- 과거 공매도 비중이 높았던 종목들을 피한다. 대부분 PER이 높았던 종목들이다.
- 대형주 사이에서 동일 업종 내 롱쇼트 전략(장기적으로는 저평가된 우량주를 매수하고 단기적으로는 고평가된 주식을 매도하는 방식을 동시에 진행)을 취한다.
- 실적이 부진한 섹터, 업종을 피한다.
- 단기 급등 종목은 유망 종목이라도 신중히 접근한다.
- 실적뿐 아니라 주가수익비율(PER), 주가순자산비율(PBR) 등 밸류에이션 지표를 잘 살펴본다.
- 전환사채(CB) 발행이 많은 종목은 공매도가 몰릴 가능성이 높으니 피한다.

아마, 이 책을 읽는 사람 중 상당수는 롱 포지션과 쇼트 포지션이 무엇인지, PER과 PBR이 무슨 의미인지도 모를 수도 있다. 하지만 전혀 부끄러울 필요가 없다. 연세대 의대를 졸업한 나 역시 전혀 모르는 상태로 주식을 시작했으며, 특히 전환사채는 미적분을 이해하는 것만큼 어려웠다. 지금부터 정말 차근차근 이 개념들에 대해 설명해보기로 하겠다.

PBR, PER? 그게 뭔데!

PBR(Price Book value Ratio)이란 주가순자산비율을 말한다. 이게 무슨 뜻이냐 하면 그 회사의 주가를 주당순자산가치(BPS, Book value Per Share)로 나눈 것을 의미한다.

- PBR= 주가/주당순자산

그럼 주당순자산은 또 무슨 소리인가. 초보 투자자인 당신은 벌써 머리가 복잡하고 아파올 것이다. 읽기 싫은 마음, 충분히 안다. 하지만 의외로 간단하고 쉬운 내용이기에 한 번만 확실히 이해하면 절대로 헷갈리지 않는다. 주당순자산은 '총 자산 - 총 부채'를 발행주식수로 나눈 것이다. 따라서 현재 시점에서 이 회사 주식 1주가 얼마만큼의 가치가 있는지를 가늠할 수 있다. 즉, 회사의 현재 주가와 주당순자산을 비교하면 주가가 저평가 상태인지, 고평가 상태인지 알 수 있다는 의미다. A 회사의 PBR이 1.7이라고 가정하면 현재 A의 주가는 주당 순자산가치의 1.7배 정도인 것이며 B 회사의 PBR이 50이라면 현재 B의 주가는 주당순자산가치의 50배인 것이다.

둘 중 어느 회사에 투자하는 게 안전할까? A는 비교적 저평가되어 앞으로 주가가 오를 가능성이 큰 회사다(참고로 삼성전자의 2020년 4분기 PBR은 2.08이었다). B의 주가는 주당순자산가치의 50배인 것으로 봤을 때 주가에 버블이 껴 있으며, 향후 주가가 떨어질 가능성도 있다. 즉, PBR이 낮을수록 이 기업의 성장력, 수익성이 높다.

그럼 무조건 PBR이 낮은 종목을 골라서 사면 성공할 수 있느냐? 그렇다면 주식투자가 얼마나 쉬울까? PBR은 숫자에 불과하며 그 회사의 상태를 가늠할 수 있는 하나의 지표일 뿐 절대적인 기준은 아니다. 주가는 재무제표에 적힌 많은 숫자들, 기대심리, 시장상황 등이 복합적으로 작용해 형성된다. 유동적이고 어디로 튈지 모르는, 살아 있는 생물처럼 인지해야 한다.

하지만 오히려 예측 불가능하기에 그나마 예측 가능한 부분, 숫자를 소홀히 해서는 안 된다. 주가를 결정하는 요소, 그 방향성을 판독하려면 상수를 확인하면서 최대한 변수를 줄여나가야 한다. 그런 의미에서 PBR은 무척 중요한 숫자다.

특히 PBR은 재무적인 측면에서 회사의 안전성을 판단하는 중요 척도가 된다. 인수 합병을 하거나 부도가 났을 때 우선적으로 부채를 변제해야 하는데, 그때 부채를 차감하고도 주주가 배당받을 수 있는 자산의 가치를 의미하는 것이 바로 PBR이기 때문이다. 특히 초보자가 상대적으로 생소한 중소기업이나 코스닥 기업에 미래가치 투자를 한다면 상대적으로 PBR이 낮은 회사에 투자하는 것이 훨씬 안전하다고 볼 수 있다.

PER(Price Earning Ratio)은 어떤 회사의 주식가치가 실제로 어느 정도의 가치인지 고평가 혹은 저평가되었는지 가늠할 수 있는 도구다. PER은 주가의 수익비율을 뜻하는 것으로 주가를 주당순이익(EPS, Earning Per Share)으로 나눈 수치다. 그럼 주당순이익이란 무엇이냐? 바로 순이익을 발행주식수로 나눈 것이다. 즉, 회사 주식 1주당 순이익을 얼마나 올렸는가를 나타내는 지표다.

- PER = 주가/주당순이익

A 회사의 주가가 1만 원이고 1주당 순이익이 1,000원이라 가정하면 PER = 10이며 B 회사의 주가가 1,000원이고 1주당 순이익이 1,000원이라면 PER은 1이다.

즉, A 회사는 상대적으로 고평가되어 있고 B는 실제 순이익에 비해 주가가 비교적 저평가되어 있다고 해석할 수 있다. 그렇다면 여기서 A와 B를 직접 비교할 때 B가 A보다 저평가되었다거나 주가 상승의 가능성이 높다고 볼 수 있을까? 그렇지 않다. 상대적으로 순이익을 줄이고 안정적으로 자금을 운용한다거나 장기적으로 R&D에 투자하는 경우도 있기 때문에 PER을 평가할 때는 반드시 상대적인 기준에서 해야 하며, 특히 같은 업종 내에서 비교할 필요가 있다. 즉, 삼성전자와 대한항공 중 어디에 투자해야 할지 고민된다면 PER을 근거로 삼는 것은 별로 의미가 없다는 뜻이다.

같은 업종끼리 비교할 때도 마찬가지다. 여행 업계에서 1, 2위를 다투는 C와 D 회사가 있다고 가정해보자. "C가 D보다 PER이 높으니 D에 투자해야겠군!" 이것도 역시 잘못된 해석이다. PER은 양자택일이나 직접 비교를 위한 지표가 아니라 그 회사의 수익성과 가치를 가늠할 수 있는 상대적인 참고자료로만 삼아야 한다. 즉, 'PER을 고려하니 D는 아직 낮은 수준인데 여행 대장주인 C나 다른 여행 관련 회사인 E, F와 비교해봐도 나쁘지 않네? 향후 주가가 오를 가능성이 높겠어!'라고 생각하는 게 합리적이다.

초보자 주변에는 반드시 이렇게 말하는 사람들이 있을 것이다. "PER, PBR 그런 거 몰라도 주식 잘할 수 있어. 주가랑 관련없어." 투자에 있어선 부디 그런 친구들을 가급적 멀리하기를 권유한다. 인내와 배움은 쓰고 게으름의 유혹은 언제나 달콤한 법이다.

재무제표에서
이것만은 꼭 확인하라

1) 영업이익과 당기순이익

가장 먼저 확인해야 할 내용은 '현재 이 회사가 돈을 잘 벌고 있는가?'다. 아무리 미래가치가 높아도 현재 적자인 기업은 매력적이지 않다. 특히 빨리 결과를 보고 싶고, 그 성공 경험을 동력으로 삼아 의욕을 키워 나가고 싶은 주식 초보자에게는 더욱 그러하다. 최근 2년치 분기실적표를 보면서 영업이익이 분기별로 점점 늘어나고 있는지를 확인해야 한다. 점점 성장하고 있는지, 코로나19로 인한 불황에서도 비교적 선방했는지 말이다. 초보자들이 가장 헷갈리는 부분이 영업이익과 순이익의 차이를 구별하는 것이다.

영업이익이란 회사가 일해서 번 돈, 매출액에서 재료비, 인건비, 월세, 임차료 등을 빼고 남은 수익을 말한다. 즉, 회사가 물건을 생산하는 과정에서 필요한 인력, 공간, 원재료에 드는 비용을 빼고 남은 이익이 영업이익이다.

당기순이익은 다음과 같이 구한다. 영업이익 - 영업외 손실 + 영업외 수익 - 법인세 = 당기순이익. 여기서 영업외 손실이란 보통 금융비용을 의미한다. 즉, 회사가 은행에서 빌린 돈, 설립 시 대출한 돈의 이자가 대표적인 영업외 손실이다. 반면 영업외 수익은 영업활동 외에 가외로 회사가 올린 수익을 말한다. 회사가 소유한 부동산이나 토지의 가격이 올랐다거나 땅과 건물의 매각으로 인해 번 돈이 영업외 수익에 해당된다.

정리해보자. 만약 영업이익은 높은데 당기순이익이 굉장히 낮다면? 이 회사는 부채비율이 너무 큰 것이다. 따라서 재무건전성이 좋은 회사라고 볼 수 없다. 반대로 영업이익은 아주 낮거나 적자인데 당기순이익은 굉장히 크다면? 이 회사는 현재 돈을 잘 벌고 있는 것인가? 아니다. 회사가 본업으로 돈을 벌지 못해 회사의 자산인 건물이나 토지를 팔아서 현금을 마련하고 있다거나 하는 복잡한 이슈가 있음을 의미한다. 물론 위기 속에서 기회를 찾는 고수들에겐 이 역시 호재겠으나 초보자들에겐 피하는 것을 추천한다. 당기순이익이 영업이익의 80~85% 정도인 회사가 좋다고 평가되며 영업이익과 당기순이익, 두 지표가 최소한 4분기 연속 꾸준히 우상향해야 안정적이라고 볼 수 있다.

2) 부채 비율

빚을 적게 진 회사일수록 안정적일까? 아니다. 대출 비중이 너무 높아도 문제지만, 너무 낮은 기업 역시 문제가 있다. R&D나 미래가치, 전략적 사업 등 회사를 키우는 데 별로 관심이 없다는 뜻이기 때문이다. 이런 회사는 주가가 크게 떨어질 일은 거의 없다는 점에서 안정적일 수 있으나 발전 가능성 역시 상당히 제한적이기에 투자매력이 떨어진다. 또한 어떤 경우엔 이 회사가 은행으로부터 대출을 충분히 받을 만큼 신용도가 높지 않다는 뜻도 된다. 자산은 자본과 부채를 합한 것이며 자산은 전쟁터에서 싸울 수 있는 무기이자 실탄과도 같다. 즉, 세부적인 내용이야 변수가 있겠지만 단순하게 따지면 자산이 충분한 회사가 돈을 벌 수 있는 기회도 많다.

부채가 낮을수록 좋은 회사란 편견은 아주 과거의 사고방식이다. 최근 대출을 받아 집을 사본 사람이라면 알 것이다. 은행은 절대로 돈을 호락호락하게 빌려주지 않는다. 개인에게도 이렇게 꼼꼼하고 까다로운데 상대가 기업이라면 어떻겠는가? 은행에서 돈을 많이 빌릴 수 있는 것도 그 회사의 능력이다. 삼성전자 같은 초 우량기업은 부채비율이 32% 정도인데 사실 좀 예외적인 경우이며, 통상적으로 부채비율이 200% 내외라면 충분히 기업에서 감당할 수 있는 수준이라고 본다.

3) 영업이익률

매출액을 영업이익으로 나눈 것이 영업이익률인데 보통 10% 이상이어야 이 회사의 수익성이 좋은 편이라고 볼 수 있다. 그 이하라면 수익구조에 문제가 있거나 낭비하는 돈이 많다는 뜻이다. 앞서 말한 세 가지 도구를 실제로 활용해서 게임 업계에서 1, 2위를 다투는 엔씨소프트와 넷마블 둘 중에 어떤 회사 주식이 투자자로서 더 매력이 있을지 비교해보자.

엔씨소프트

	2019	2020
부채 비율	33.21%	29.78%
영업이익	4,790억 원	8,248억 원
영업이익률	28.16%	34.14%
당기순이익	3,592억 원	5,866억 원

넷마블

	2019	2020
부채 비율	24.91%	45.53%
영업이익	2,027억 원	2,720억 원
영업이익률	9.3%	10.95%
당기순이익	1,698억 원	3,380억 원

당신이 지금 주식을 매수한다면 어떤 주식을 사겠는가? 엔씨소프트는 부채 비율의 변화도 안정적이면서 영업이익도 2019년을 제외하면 꾸준히 큰 폭으로 늘고 있다. 영업이익과 당기순이익의 비율 또한

이상적이며, 영업이익률 또한 꾸준히 30%를 넘겼다(2019년 제외).

넷마블은 어떤가? 영업이익률이 2017년 21.02% 이후로 3년째 반토막이다. 심지어 2019년엔 9.3%였다. 오히려 부채 비율은 최근 크게 증가했다. 2020년엔 영업이익보다 당기순이익이 660억 원가량이나 많았는데, 이는 넷마블이 2020년 4분기에 투자했던 빅히트엔터테인먼트, 카카오게임즈 등의 상장을 통해 얻은 수익 때문이다.

재무제표의 숫자만을 놓고 봤을 때 엔씨소프트에 투자하는 것이 훨씬 안정적으로 보이며 아마 이것이 정답에 가까울 것이다. 최근 2년간 엔씨소프트는 변동성이 훨씬 적고, 모든 지표에 균형이 잡힌 상태였다. 그에 비해 넷마블의 최근 2년간 격동의 시기라 표현할 수 있을 만큼 변화가 무척 많았다. 웅진코웨이를 인수 합병했고 부채 비율을 높여 확보한 현금으로 공격적인 투자를 시도했다. 자체 IP를 기반으로 한 게임 개발보다는 다른 수단을 통한 이익을 도모했고, 다른 회사의 주식을 사들여서 투자로 돈을 벌었다. 엔씨소프트는 이미 자리잡은 대장주라고 한다면 넷마블은 잠재력과 미래 가치를 위해 환골탈태를 준비 중인 회사에 가깝다.

정리해보자. 당신이 2019년이나 2020년 초에 이 두 주식 중 하나를 골라야 했다면 무조건 엔씨소프트를 선택했어야 한다. 실제 수익률도 압도적인 차이를 보인다. 이 기간 동안 넷마블에 투자한 사람들 중 대부분은 재무제표를 볼 생각조차 하지 않았다. '아마 빅히트와 카카오게임즈로 크게 이슈가 되니 거기 투자 지분이 많은 넷마블도 오르겠지' 하는 단순한 생각이었을 것이다. 주가가 오르기는 올랐다. 8월 12만 원 정도였던 주가가 여러 이슈로 9월 초 20만 원을 돌파하면서 한 달 만에 70% 급등했다. 하지만 11월 초, 두 달 만에 다시 11만 원대까지 폭락한다. 이 회사의 최근 흐름을 재무제표로 사전에 인지하고 있던 투자자라면, 20만 원을 뚫고 단기 급등했을 때 이익실현을 했을 것이다. 하지만 이때 추격매수를 한 이들은 대부분 재무제표에 별 관심이 없는 투자자들이었고 지금까지 강제적으로 장기 투자를 하고 있을 가능성이 크다.

2021년 현재 시점에서 선택을 하라면 어떨까? 조금 달라진다. 안정적인 세로토닌형 투자자라면 엔씨소프트, 큰 수익을 노리는 도파민형 투자자라면 넷마블을 선택할 수도 있을 것이다. 또한 본인의 환경이나 투자액에 따라서 달라질 수 있다. 투자금이 100만 원 미만의 소액이라면 너무 안정성만을 중시하는 것도 의미가 없으니 말이다.

하지만 그럼에도 불구하고 기본적으로 재무제표에 기인한 투자자라면 6대 4나 7대 3의 비중으로 엔씨소프트를 우선시해야 한다. 아무리 미래가치나 잠재력이 있어 보여도 지금 당장 더 확실하고 안전하게 수익을 낼 수 있는 방법이 있다면 굳이 위험을 감수할 필요가 없다. 또한 그래야지만 실패했을 때 결과에 상관없이 자책을 줄일 수 있다. 투자는 승부나 쾌락, 유희가 되어서는 안 된다. 딱 한 번 투자하는 게 아니라면, 꾸준히 수익을 내는 것이 목적이라면 정석을 따라야만 한다.

투자 전 꼭 확인해야 할 다섯 가지

초보들이여! 만약 재무제표를 읽지 못한다면 주식투자를 하지 않아야 한다. 하지만 어디 사람 마음이 그러한가. 공부는 하기 싫은데 시험은 잘 보고 싶고, 내신은 엉망인데 수능은 대박 나고 싶은 것이 인간의 본능이다. 재무제표를 읽으려는 의지는 없지만 수익을 내고 싶다면 최소한 이것만은 확인하고 종목을 사자.

어렵지 않다. 인터넷 검색으로 10분만 투자해도 확인할 수 있는 것들이다. 이 다섯 가지조차 확인하지 않고 덜컥 들어갔다가 후회하는 사람들이 너무 많다. 기본 중의 기본만 확인해도 손실 위험을 최소 10% 정도는 낮출 수 있다.

1) 투자 의견과 목표 주가

종목마다 투자 의견을 숫자로 표시한 아주 친절한 지표다. 재무전문가와 애널리스트들이 엄청난 시간을 쏟아서 이 주식에 투자하는 게 과연 안전할지를 수치화한 자료다. 물론 이 수치를 맹신할 수는 없지만 나보다 훨씬 우수한 집단의 빅데이터 결과를 참고하지 않을 이유가 없다. 삼성전자, 카카오, SK하이닉스 같은 대표 우량주들은 대부분 3.9~4.00 매수를 권유한다고 적혀 있다. 넷마블 같은 경우 3.35~3.50 중립인 경우가 많다. 물론 분기나 시기별로 다르다. 당신이 초보 투자자라면 이것만 기억하면 된다. 우선 투자 의견 3.5 미만은 절대로 사지 마라. 또한 목표 주가가 현재 주가보다 110% 미만인 주식은 사지 않는 것이 좋다. 투자 의견과 목표 주가가 N/A 라고 적혀 있는 회사도 있다. 신풍제약이나 대선 테마주 같은 것들이다. No Account, 계산과 예측이 안 된다는 뜻이다. 현명한 투자 습관을 들이기 위해서 이런 주식은 모두 걸러내야 한다. N/A 주식을 사는 순간 당신은 더 이상 투자 방법에 대해서 고민하지 않아도 된다. 어차피 도박을 하고 있기 때문이다. 확률과 정석이 무슨 의미가 있겠는가?

2) 외국인 보유 비중

네이버 증권에서 종목을 클릭하면 총 상장 주식 수와 외국인 보유 주식 수를 확인할 수 있다. 보통은 '외국인 보유 한도 주식 수 = 총 상장 주식 수'이기 때문에 외국인 소진율이 해당 종목의 외국인 보유 비중이다.

삼성전자를 예로 들면, 54.76%로 이상적인 수치다(2021년 3월 19일 기준). 외국인이 많이 산다고 이 종목이 좋은 걸까? 물론 아니다. 하지만 이제 막 주식을 시작하는 당신의 감이나 부족한 지식보다는, 월스트리트의 투자 귀신들의 집합체가 평균적으로 내린 결론이 훨씬 믿을 만하다.

반대로 생각해보자. 당신이 미국주식에 투자할 때 기본적으로 유명하고 재무건전성이 높다고 여겨지는 이른바 애플, 페이스북, 구글 같은 회사에 투자할 가능성이 크다. 미국에 투자할 때조차 이러한데 우리나라보다 못사는 국가의 기업에 투자할 때는 훨씬 안전지향적이 되지 않을까? 참고로 IMF에서 발표한 2020 세계 경제규모 순위는 미국이 1위, 한국이 10위다. 한국인인 당신이 19위인 스웨덴의 기업에 투자한다고 생각해보자. 당연히 생전 처음 듣는 회사가 아닌 볼보나 아스트라제네카에 투자할 것이다. 위험을 피하고 변수를 싫어하는 투자자들의 본능이 국적을 가리지 않고 동일하다는 것을 고려하면, 외국인 보유 비중이 50% 넘는다는 것은 이 주식이 비교적 안전하다고 평가될 수 있는 대목이다.

3) 유상증자 횟수

증자는 기업이 주식을 추가로 발행해 자본금을 늘리는 것을 말한다. 만약 기업이 증자를 했다면 '지금 이 회사가 돈이 부족하구나'라고 이해해도 좋다. 어떤 회사가 돈이 부족하다고 가정해보자. 회사는 어떻게 돈을 마련할까?

❶ 은행에 돈을 빌린다.
❷ 회사 이름으로 된 채권을 발행한다.
❸ 주식을 마구 더 찍어 투자자에게 판다.
　(새로 발행한 주식을 돈을 받고 파는 것이 유상증자, 공짜로 나눠주는 것을 무상증자라고 하는데, 증자의 목적상 대부분의 경우 유상증자를 실행한다.)

이 중 어떤 것이 회사에 가장 유리할까? 당연히 3번이다. 남의 돈을 빌리는 대출, 원금과 이자 상환의 리스크를 생각하면 증자는 회사 입장에서는 무에서 유를 창조하는 방식이다. 그럼 투자자 입장에서 보면 어떨까? 회사가 돈을 조달하는 방법 중 유상증자가 최악이다. '왜? 유상증자를 하면 어찌 되었든 자산이 늘어나니까 회사가 운용할 수 있는 돈이 많아지고 주가가 오르는 거 아냐?'라고 생각할 수 있다. 전혀 그렇지 않다. 유상증자는 회사의 가치, 시가총액은 일정한데 주식 수만 늘어나는 것으로, 회사 입장에서야 자본금이 늘어나니 좋겠지만 기존 주주 입장에서는 1주당 가치가 떨어지니 손해가 날 뿐이다.

또한 주식을 공짜로 나눠주는 방식의 무상증자(이 경우 회사가 돈이 부족하지 않다는 뜻이기에 단기 호재로 주가가 오를 확률이 크다)가 아닌 유상증자를 했다는 소식이 들리면 회사의 재무안정성에 의구심이 들기 시작한다. 단기적으로는 대부분 악재로 인식해 유상증자가 결정 난 회사의 주식을 보유한 사람들은 서둘러 매도주문을 넣고, 주가는 필연적으로 떨어진다.

장기적인 측면에서 유상증자를 여러 차례 반복해서 자본금이 늘어나면 자금 운용에 여유가 생길 뿐 아니라 회사의 안정성이 보장되어 기업 신용도가 높아진다고 평가하는 이들도 있다. 하지만 유상증자를 여러 번 반복한 기업이라면, 더는 은행에서 돈을 빌릴 수 없을 만큼 신용이 떨어진 상태일지도 모른다. '건전한 방법으로 돈을 융통할 수 없을 만큼 회사가 어려워졌기에 주식을 마구 찍어내는 방법만 남은 것은 아닐까?'라는 생각을 해봐야 한다. 또한 회사의 부진한 실적을 증자로 보충해 재무건전성을 유지하는 꼼수도 있다. 이 부분에 대한 리스크와 손실은 오로지 투자자의 몫이다.

물론 예외도 존재한다. 회사가 R&D에 큰돈을 투자했거나 합병으로 단기간에 규모를 키운 경우 유상증자는 어쩔 수 없는 선택이다. 하지만 확실한 사업의 확장이나 신규 프로젝트 없이 최근 2년 동안 두 번 이상 유상증자를 한 기업이라면 우량 종목이 아니라고 판단해도 무방하다.

4) 전환사채 발행 여부

전환사채(Convertible Bond)란 쉽게 말해 사채와 주식의 중간 형태라 보면 된다. 예를 들어 현재 주가가 1만 원인 회사에서 1년 만기로 이자율 7%, 주식전환가가 2만 원인 전환사채를 발행했다고 가정하자. 단순히 생각하면 투자자는 무척 안전해 보인다. 회사 주가가 혹시 2만 원을 넘긴다면 주식으로 바꿔 이익실현을 하면 되는 것이고 주가가 전환가까지 오르지 않거나 심지어 5,000원까지 떨어진다고 해도 만기까지 보유하고 있으면 원금 손실 없이 이자가 들어온다.

'우와, 개이득인데?'라고 생각하겠지만 그렇지 않다. 기본적으로 전환사채는 유상증자에 실패한 기업이 투자금을 모으기 위한 궁여지책인 경우가 많다. 주식을 더 찍어 자본금을 충당하려 했는데 회사가 인기가 없는 나머지 아무도 투자하지 않은 것이다. 이런 경우, "우리 회사를 못 믿겠다면, 안전장치를 걸어 줄게. 주가가 올라가면 주식으로 바꾸고, 안 되면 7% 이자만 안전하게 드세요."라고 회유하는 방식이 전환사채 발행이다. 즉, 이런 회사들은 현금 확보가 아주 어렵거나 사모펀드의 관리를 받고 있거나 M&A를 계획하고 있는 경우가 많다. 따라서 정확한 회사의 내부 사정을 알 수 없는 초보 투자자로서는 피해야 할 종목이다. 전환사채로 손실을 볼 수 있는 유일한 경우의 수, 회사가 아예 망할 수 있는 가능성을 고려해야 하기 때문이다. 전환사채 만기 전까지 회사의 부도 가능성을 철저하게 분석하고, 재무제표의 흐름을 이해할 수 있는 사람이 아니라면 이런 종목은 배제하는 것이 좋다. 물론, 투자 고수라면 전환사채에 대한 리픽싱 조항(Refixing Clause, 주가가 전환가에 도달하지 못했을 때 전환가를 낮춰 주식 전환을 해주는 것)이나 조기상환권(Put Option) 등의 추가 조항을 설정해 안전성을 확보하겠지만, 이런 과정은 초보들에게는 너무 어렵고 복잡하기에 어느 정도 공부를 마친 상태에서 도전하기 바란다.

앞에서 전환사채 비율이 높으면 공매도에 취약할 수 있다고 했는데 그 이유는 공매도를 통해 상환 만기를 기다리지 않고 수익을 확정할 수 있기 때문이다. 예를 들어 주식전환가가 2만 원인데 주가가 5만 원까지 올랐다고 가정하자. 이 경우 주식을 빌려 5만 원에 공매도를 한 다음 사채를 주식으로 전환해서 갚으면 된다. 이를 델타기법이라고 부르며 실제로 많이 쓰인다.

5) 분기 실적 발표일

보통 일 년에 네 번 분기 실적을 발표한다. 1분기는 4월 말, 2분기 실적은 7월 말 이런 식이다. 여러 증권회사에서 A 회사 분기 실적에 대한 전망 리포트와 예상 발표일을 공시한다. 아무리 게을러도 이것은 반드시 체크해야 한다. 나는 주식을 시작한 지 한참이 지나서야 어닝 서프라이즈와 어닝 쇼크 중 어떤 게 좋은 건지 구분하게 되었다. 이 정도면 주린이가 아니라 뇌가 없는 수준이 분명하다. 믿기 어렵겠지만 분명 나 같은 사람이 또 있을 것이다. 최근 2년간의 분기 실적, 영업이익의 흐름만 파악해도 이 종목을 매수할지, 매도할지, 보유하는 게 좋을지 감을 잡을 수 있다. 물론 이 정도의 사전 지식은 소개팅에서 그 사람 직업을 미리 알아두는 것 정도의 기초정보다. 즉, 분기 실적을 모른 채 그 회사에 투자한다는 건 나이나 직업도 모른 채 연애하고 결혼하는 것과 같다.

설마 그런 사람이 있을까 싶겠지만 무수히 많다. 상대방 말만 믿고 제대로 확인하지 않거나 속아서 뒤늦게 파혼하거나 이혼상담을 받는 경우들이다. 가슴 아프지만 이는 모두 확인을 게을리 한 본인의 탓이다. 물론 직업이 그 사람을 판단하는 전부가 될 수 없듯이 분기 실적도 이 회사를 판단하는 절대적 기준은 아니다. 훨씬 더 다양하고 복잡한 변수들을 고려해야 한다. 하지만 ABC를 건너뛰고 무슨 영어 회화를 하겠단 말인가!

또한 어닝 서프라이즈라고 해서 주가가 항상 폭등하는 것은 아니다. 하지만 어닝 쇼크(기업이 예상보다 저조한 실적을 발표해 주가에 영향을 미치는 것) 때 강보합이거나 오르는 경우는 없다. 대부분 떨어진다. 즉, 이번 실적이 적자로 돌아섰거나 증권가 예상보다 훨씬 큰 적자가 났을 경우, 물타기를 할지 재빨리 매도할지에 대한 판단은 실적발표일 전에 미리 결정해야 한다. 이런 기본 중에 기본만 소홀하지 않아도 폭락한 후 우왕좌왕하며 뒤늦게 고심하는 이들보다는 두세 걸음 앞서갈 수 있다.

이상의 다섯 가지의 수칙을 고려해 투자 종목을 선택하라고 하면 당신은 이런 말을 할 것이다.

 "저렇게 하면 우량주나 삼성전자 같은 대장주에 투자하라는 이야기 잖아요? 예상 수익률이 3~5%밖에 안 되는데 그래서 언제 돈을 벌어서 부자가 되나요?"

 바로 그렇게 해야 한다는 소리다. 초보자인 당신은 고위험종목에 투자하거나 복잡한 투자 방식을 선택해서는 안 된다. 투자자로서 충분한 준비가 되기 전까지는 오로지 안전한 종목에만 투자해야 내상을 피할 수 있다. 아직 걸음마도 제대로 못하는 당신이 뛰려고 해서는 안 된다는 이야기다. 충분한 연습 없이 뛰려고 덤비다가는 다치는 정도가 아니라 병원에 입원해야 할 수 있다.

PART 5
심리를 내 편으로 만들자 수익이 늘었다

3분 전에 산 주식이 갑자기 폭락한다면

초보자들은 늘 상투를 잡는다. 어떤 주식이든 말이다. 대형주, 중소형주, 바이오, 자동차, IT 심지어 미국주식이나 중국주식까지 내가 매수했다 하면 떨어진다. 쳐다보기만 했던 종목은 계속 오른다. 3연상, 4연상…. 이제는 위험하니까 분명히 떨어지겠지? 아뿔싸, 5연상이다.

'이건 무조건 더 가. 아직 늦지 않았어. 30% 아니 10%만 먹고 뺄 거니까 괜찮아' 하는 마음에 달리는 말에 올라탔는데, 기막히게도 그 순간부터 거짓말처럼 주가가 폭락한다. 도대체 어째서 이런 일이 나에게만 생기는 걸까?

저주를 받았거나 조상 3대가 나라를 팔아먹었거나 천부적으로 돈을 잃는 특기가 있을 수도 있다. 물론 차트를 읽는 능력이 아예 없거나 작전주만 고르는 똥손일 수도 있다. 이럴 땐 도대체 어떻게 하면 좋을까?

첫째, 아무것도 하지 않는다. 말 그대로 아무것도 하지 말라는 뜻이다. 3분 전에 산 주식이 신나게 떨어지는 것을 주시하다가는 패닉셀링을 하게 된다. 그리고 그 물량은 그대로 세력이나 데이트레이더에게 넘어간다. 당일 고가에 사서 당일 저가에 파는 실수를 몇 번 반복하면 주식이 꼴도 보기 싫어진다. 10만 원까지 오른 주식을 고점에 샀다가 8만 8,000원까지 떨어져서 일괄 매도를 했는데 종가가 9만 6,000원이라면 자책감에 멘탈이 나가고 영혼까지 털린다. 매수 직후엔 가능하면 주식 창을 닫고 쳐다보지 않는 것이 제일 좋다. 어차피 물타기를 할 게 아니라면 쳐다본들 대체 무슨 소용이 있단 말인가?

계속 변동 상황을 주시하면서 아니다 싶으면 빨리 손절해야 하지 않을까? 그렇지 않다. 그렇게 판단했다면 애초에 그 종목을 매수하지 말았어야 한다. 오늘 산 주식이 폭락했다고 당일에 바로 손절할 거라면 사기 전부터 위험을 감지했다는 뜻이 된다.

초보자들은 애초에 이런 종목을 가까이 하지 말아야 한다. 하지만 이미 들어갔다면 호흡을 길게 가져가는 것이 좋다. 당일에 폭등과 폭락을 반복하는 유동성 종목은 내일이라도 당장 손실분을 회복할 수도 있기 때문이다. 이 사이클을 기다리지 못하고 패닉셀링을 하는 초보들이 너무나 많다. 명심해라. 당신은 매 시간 매 분 단위로 시장 상황에 유연하게 대처할 수 있는 스캘핑 고수가 절대로 아니다. 애초에 그런 능력이 없기에 매수 전에 미리 신중하게 고민했어야만 하고, 실제 매매 횟수는 최소한으로 해야 한다. 매매를 많이 할수록 초보자는 손실을 볼 확률이 훨씬 커진다.

이미 산 주식이 폭락했다면, 조용히 주식 창을 닫고 아무것도 하지 않는 것을 추천한다. 불안과 패닉에 빠진 당신은 이미 전두엽의 통제권을 잃었다. 냉정한 판단도, 합리적인 계산도 이미 못하는 상황이다. 손이 떨리고 숫자도 제대로 눈에 들어오지 않을 가능성이 크다. 경거망동을 할 바에는 차라리 아무것도 하지 않는 게 낫다. 빵을 먹으면서 탄수화물과 당을 보충하도록 하자.

둘째, 원인에 대해 고민하지 않는다. 초보자들이 반성이랍시고, 왜 떨어졌는지 하염없이 고민하는 경우가 있다. 보통 "이 종목을 사지 말았어야 했어"라는 아무 영양가 없는 자책으로 끝난다. 자책은 인간의 뇌를 멍청하게 만든다. 문제를 해결하기 위해 온 정신과 시간을 집중해도 모자랄 판에 쓸데없는 자책은 에너지만 낭비할 뿐이다. 주식투자에 있어 반성이 크게 의미 없는 이유는 세 가지다.

- 시간을 절대 되돌릴 수 없다.
- 당신은 어차피 비슷한 실수를 또 다시 한다.
- 지금의 오답노트가 다음 실수를 완벽히 예방해주지 못한다.

원인이 대체 무슨 상관인가. 돈을 잃는 이유는 수천 가지이고 그중에 하나일 뿐이다. 어차피 지나간 사건을 분석한들, 다음에 같은 실수를 안 한다는 보장이 없다. 주식투자와 시장은 살아 있는 생물과 같아서 시간이 흐르고 있는 한 똑같은 케이스란 없다. 실수를 복기하는 것이 다음 리스크를 예방하고 대응하는 데 크게 도움이 되지 않는다. 우리는 그저 현재의 문제를 해결하는 데 집중해야 한다.

셋째, 나를 믿고, 종목을 믿자. 당신이 아무리 초보라지만 아무런 근거 없이 소중한 돈을 투자하지는 않았을 것이다. 네이버 뉴스, 찌라시, 친구의 추천 등 적어도 매수 당시엔 앞으로 더 오를 거라 판단했으리라. 그렇다면 그 판단의 주체인 자신을 믿어보자.

'나는 초보라서 믿을 수가 없는데, 어떡하지?'라는 생각이 든다면 애초에 투자를 해서는 안 된다. 사람은 실패를 통해서 배운다. 초보자가 감내해야 할 필연적인 손실도 있는 법이다. 수익과 손실은 동전의 양면과 같다. 당신이 불안해하고 징징댄다고 해서 주가는 절대 오르지 않는다. 실패를 지나치게 두려워해서는 안 된다. 물론 손실을 보면 속이 쓰리고 피눈물이 난다. 생돈이 날아간 거 같아 너무 억울하다.

반대로 생각해보자. 당신은 충분한 준비도 없이 월급이 아닌 '가욋돈'이나 '공돈'을 벌고 싶어 주식에 투자한 것이 아닌가? 그렇다면 왜 그 반대급부와 위험에 대해서는 받아들이지 못하는가!

손실을 받아들일 용기와 인내가 없다면 살벌한 주식 시장에서 수익을 기대해서도 안 되는 법이다. 실패가 두려워 오늘 산 주식을 10분 만에 팔고, 다시 오르니까 또 패닉바잉하는 모습을 보여서는 안 된다. 성공을 하건 실패를 하건, 진득하게 본인을 믿고 견지해야 배움이 생기는 것이다. 물론 초보자들이 처음 내린 판단은 빈틈투성이다. 하지만 적어도 그 순간, 내 수준에서는 최선의 판단을 내린 것이라는 사실을 명심해야 한다. 내가 부족하다는 것을 인정하는 것과 자신을 부정하는 것은 다르다. 나 자신을 믿고 조금만 기다려보자. 결과적으로 내가 틀렸다면 거기서 배우면 되는 것이다.

넷째, 뇌의 이완, 브레인 마사지가 필요하다. 우리 뇌가 현명한 판단을 내리기 위해선 뇌혈관의 혈액순환이 원활히 이뤄져야 한다. 하지만 큰 충격을 받으면 불안과 분노 등으로 편도체에 피가 과도하게 몰리고 뇌혈관의 병목 현상이 생겨 머리가 평소처럼 돌아가지 않게 된다. 이럴 때는 부교감 신경을 항진시키고 스트레스 호르몬인 코티솔을 낮춰줄 필요가 있다. 손과 발의 혈액순환을 위해 팔다리를 주물러주고, 목과 어깨 부위를 눌러주는 것이 좋다. 심호흡을 하고, 창문을 열고 실내를 환기시켜 새로운 공기와 산소를 뇌에 공급해주는 것도 도움이 된다. 이런 간단한 작업만으로도 전두엽의 기능을 훨씬 안정시킬 수 있다.

만약 너무 손실이 커서 이 작업을 하기 어려울 만큼 뇌 정지가 온 상태라면, 잠깐 화장실로 가서 세수하거나 차가운 물을 마셔보자. 찬물에 몸이 닿으면 미주신경이 자극되어 심장박동이 느려진다. 이러면 심한 불안과 두려움을 일시적으로 진정시킬 수 있다. 시간을 내서 샤워 혹은 반신욕을 하거나 아예 마사지를 받으러 갈 수 있다면 훨씬 더 좋다.

다섯째, 인지적 오류를 교정하여 두 번째 사고를 막는다. 지진도 여진이 더 무섭고, 사고도 2차, 3차 재발이 훨씬 피해가 큰 법이다. 우리가 산 주식이 폭락했을 때 우리는 많은 인지적 왜곡들, 과장과 망상, 선택적 추론 등에 빠지게 된다. '아, 역시 내 인생은 망했어.' '경제가 망할 징조인가?' '오늘 폭락했으니 다음엔 분명 오를 거야.' 이런 식의 해석들은 두 번째 실수를 야기한다. 주식이 오르고 내리는 건 날씨가 맑고 흐린 것처럼 주사위의 눈이 홀수가 나올 수 있고 짝수도 나올 수 있는 것처럼, 자연스러운 일이다. 당신에게는 큰돈이 걸려 있고, 절대로 져서는 안 되는 승부 같은 느낌이 들겠지만, 주가가 폭락하고 폭등하는 일은 사막의 모래처럼 일반적이고 흔하다. 일기예보가 틀렸다고 지나치게 비난받거나 기상청에서 직원을 해고할 필요가 없는 것처럼 투자자도 그러하다.

중요한 것은 주가가 떨어진 것을 지나치게 감정적이고 과도하게 개인화시켜서 받아들여서는 안 된다는 점이다. 누구든 어떤 종목이든 폭락을 경험한다. 필요 이상으로 곱씹고 자책한다면 당신은 손해를 본 만큼, 최대한 빨리 만회하고 싶다는 마음에 무리하게 된다. 생각을 가다듬고 쉬어야 하는데 아직 1차 충격의 후유증에서 벗어나지 못했으면서 다시 재투자에 임하는 셈이다. 본전을 찾고 싶은 마음에 첫 번째 매수 때보다 더 위험한 주식, 급등주, 옵션상품에 손을 댈 수 있다.

패닉바잉, 상한가 따라잡기, 패닉셀링, 물타기…. 정신을 차려보면 손실액은 눈덩이처럼 불어나 있다. 첫 번째 실수에서 심호흡을 하고 2, 3차 재해를 예방하는 것이 폭락을 대하는 자세와 전략의 핵심이다.

내가 판 주식이
1시간 후 폭등했을 때

내가 판 주식이 1시간 후에 폭등하면 어떨까? 사실 이럴 때 멘탈을 잡기란 무척 어렵다. 그저 '신이 나한테 너무하시네'라는 생각이 들고 일도 손에 잡히지 않는다. 며칠은 불면증에 시달릴 것이며 한동안은 주식 창을 쳐다보기도 싫어질 것이다. 하지만 당신의 인내심은 촛불과도 같아서 조만간 다시 투자에 임하게 된다. 따라서 이 상황에서의 대처법을 숙지해두도록 하자.

먼저, 일단 절반의 성공을 축하하자. 내가 보유했던 주식을 손절을 했건 익절을 했건 간에, 매도 직후 폭등했다는 사실은 적어도 종목 선정에서는 정답을 맞혔다는 것이다. 물론 주식은 종목과 매매 타이밍 모두 중요하고 굳이 말하자면 매매 타이밍이 훨씬 중요한 조건 변수다. 하지만 초보자인 우리가 두 가지 난제 중에 하나라도 통과했다는 게 어디인가. 그것만으로도 축하할 일이다. 물론 누군가는 정신승리라며 비웃겠지만 내가 잘한 것까지 의심해서는 안 된다. 워런 버핏과 그의 친구들, 수많은 구루들도 매도 타이밍을 매번 실수하고 놓친다는 것을 명심하자.

둘째, 때로는 그 주식을 다시 사야 한다. 매도한 당일, 내가 판 가격보다 비싸게 다시 사는 것은 지성인이 아니면 절대로 할 수 없는 일이다. 물론 이러다 다시 상투를 잡고 손실을 볼 수도 있다. 기본적으로 매도 직후, 다시 추격 매수하는 경우는 두 가지다. 첫 번째는 억울하고 아쉬운 마음에 감정과 욕망에 휘둘려 매수한 경우, 두 번째는 자신의 실수를 인정하고 냉정하게 이 종목의 추가 상승 가능성을 재평가하고 매수한 경우다.

물론 초보인 경우엔 전자가 훨씬 많으며 어지간해서는 다시 매수하지 못한다. 실수한 주식에 다시 들어가고 싶지 않기 때문이다. 하지만 추가 상승 여력이 있는 종목을 한 번의 실수, 개인적이고 감정적인 이유로 투자 목록에서 배제하는 것은 어리석은 일이다. 오늘 고백했다 차일지라도, 그 사람이 정말 매력적이고 간절하다면 때로는 다시 도전할 수 있는 것처럼 말이다.

셋째, 중요한 건 누적 수익률이다. 주식투자는 몇 년에 걸친 마라톤이지 단판 승부가 아니다. 오늘 롯데자이언츠가 두산베어스를 12대 0으로 이겼다고 해서 우승할 수 있는 게 아니듯이 하루의 성과로 일희일비하는 것은 의미 없다. 지난 결과를 복기하며 시간을 낭비하지 말자. 그리고 어차피 내가 판 주식을 다시 매수할 계획이 없었다면 이미 판 주식이 1시간 후에 폭등하든 1년 뒤에 폭등하든 대체 무슨 상관이란 말인가? 그저 기분의 문제일 뿐이지, 당신의 계좌잔고와는 무관한 일이다.

다시 수익을 볼 기회는 얼마든지 있다. 오늘 못 먹은 만큼 내년, 아니 몇 년 후에 먹으면 된다. 우리가 주식투자를 하는 이유는 결과적으로 부자가 되기 위한 것이지, 오늘 하루 기분이 좋아지거나 성취감을 느끼기 위해서가 아님을 명심하자.

넷째, 웬만하면 장기 투자를 하는 것이 좋다. 고수들은 승률이 높기에 매매 횟수가 늘어날수록 수익이 나겠지만 초보들은 가급적 매매 횟수를 줄여야 손해를 덜 본다. 그리고 장기 투자를 하는 동안 시장이 알아서 주가를 회복시켜주거나 호재들이 우리의 실수를 덮어주기도 한다. 돈이 묶이는 것을 싫어하는 고수들에겐 조금 다른 접근이 필요하겠으나 초보들에게는 시간이라는 변수가 긍정적으로 작용하는 부분이 더 많다. 우선 주식을 더 살 돈이 없으니 추가적인 실수와 손실을 원천적으로 차단할 수 있다는 점에서 오히려 다행이기도 하다. 또한 초보자들은 내가 가진 종목이 아니라면 다른 종목 차트를 절대로 읽지 않는다. 하지만 한 종목이라도 장기 투자를 한다면 그 차트와 재무제표는 지속적으로 볼 수밖에 없다. 물론 차트를 본다고 해서 수익이 나는 것은 아니다. 차트는 예측하기 위해 보는 것이 아니라 투자의 기준을 잡기 위해서 보는 것이다. 그리고 차트의 흐름을 파악하기 위해서는 필연적으로 장기 투자를 해야만 한다. 물론 장기 투자를 하더라도 손실이 날 가능성은 얼마든지 있으나 최소한 교훈을 얻을 수는 있을 것이다.

성격은
바뀔 수 있는가

칼 구스타프 융이란 위대한 정신과 의사가 있다. 그는 정신과의 아버지라고 불리는 지그문트 프로이트의 제자로, 20세기 초 미국의 심리학자들은 대부분 융의 영향을 많이 받았다. 융의 정신분석 개념에서 '성격유형이론'이라는 것이 있는데, 그의 이론에 따르면 인간의 행동이 겉보기에는 제멋대로고 예측하기 힘들 정도로 변화무쌍해 보이지만 사실은 매우 질서정연하고 일관성이 있다고 한다. 사람이 태어나 부모와의 애착 관계부터 사회적 관계를 형성함에 있어 기질(Temperament)을 형성하고 성격(Character)을 만드는 일련의 과정이 무척 지속적이라는 것이다. 여기서 잠깐 기질과 성격의 차이점을 짚고 넘어갈 필요가 있다. 애매하고 헷갈려 혼용하는 경우가 많은데 사전적 정의는 다음과 같다.

- 기질 : 성격의 타고난 특성과 측면
- 성격 : 개인을 특정 짓는 지속적이고 일관된 행동양식

사람들의 성격이 다양한 이유는 무엇일까? 각 개인이 외부로부터 정보를 수집하고(인식 과정), 자신이 수집한 정보에 근거해서 행동을 위한 결정을 내리는 데(판단 과정) 있어서 저마다 선호하는 방법이 근본적으로 다르기 때문이다.

부모로부터 물려받은 기질을 가지고 태어나 세상을 살아가면서 겪는 갈등, 위기와 극복, 성숙, 대인관계 등의 경험치를 통해 후천적으로 형성되고 얻어지는 것이 바로 '성격'이다.

- 성격 = 기질 + 경험 + 환경적 요소

기질이 타고나는 것이고 이미 어느 정도 결정되는 것이라면 성격은 환경에 영향을 받아 얼마든지 변할 수 있다. 따라서 인간의 성격은 얼마든지 바뀔 수 있는 것이다.

성격이 상수가 아닌 변수라는 이야기를 이렇게 장황하게 하는 이유

가 있다. 바로 어제까지 부정적이고 무기력했으며 미숙한 투자자였던 당신의 투자 성격도 노력으로 얼마든지 변화하고 개선할 수 있는 부분이란 것을 말해주고 싶었다.

성격에는 관성이란 게 있다. 의식적으로 부단히 노력해도 사람의 습관은 어지간해서는 바뀌지 않는다. 게으름, 허술함, 성급한 일반화, 한 종목에 올인하기…. 나의 나쁜 투자 습관들도 처음엔 도저히 고쳐지지 않았다. 하지만 3년 정도의 시행착오를 거치며 나는 성격의 큰 변화를 이루었다. 36년 동안 변하지 않던 것들이 이제 와서 변할 수 있다니! 나 자신이 가장 놀랐다. 그 비법은 실로 단순한 것이었다.

- 5분 일찍 출근하는 것
- 하루에 5분 이상 운동하는 것
- 하루 한 페이지라도 책을 읽는 것
- 하루 한 줄이라도 글을 쓰는 것

이 사소한 생활습관의 교정이 내 성격과 투자 습관을 바꿔준 결정적인 요인이다. 중요한 것은 이 네 가지를 단 하루도 빼먹지 않았다는 점이다. 만약 이것이 쉬워 보인다면 당신은 이미 아주 성숙한 사람이거나 자만심에 취해 있는 상태다. 하루에 네 가지를 다 하는 사람은 장담하건대 인구의 5%도 되지 않는다. 물론 성격을 바꾸기 위해서는 커다란 인내심과 오랜 시간이 필요하다. 가장 중요한 것은 동기와 간절함이다. 인생의 큰 위기나 터닝 포인트를 거치며 우리는 불안, 사멸의 공포와 마주하고 진화를 강요받는다. 대학에 진학하거나 군 입대, 결혼, 아이가 생겼을 때 같은 인생의 중요한 시점을 거치면서 그 순간마다 우리는 무기력하게 정체될 것인지 고통스레 성장할 것인지 선택해야 한다.

하지만 두려워하지 마라. 시작은 단 하루다. 그리고 내일 또 하루, 모레 다시 하루. 나머지는 그저 하루를 묵묵히 반복하기만 하면 된다. 당신의 성격을 바꾸기 위해서, 당신의 성장을 위해서, 그저 단 하루만 '지금 바로' 투자하길 바란다.

우리는 이번 장에서 현명한 투자자가 되기 위해서 나의 사고방식과 습관, 태도를 어떻게 교정해야 하는지 그 방법을 익힐 예정이다. 지치고 무기력해진 뇌를 새롭게 하는 방법과 신체적·정신적 건강을 관리하는 법에 대해 알아보자. 현명한 투자자가 되려면 우선 나의 삶에 집중하고 일상을 소중히 여기는 습관부터 만들어야 한다.

"성격을 어떻게 바꿀 수 있나요?"라고 누군가 묻는다면, 나는 이렇게 대답하고 싶다. "미루지 않을 것."

자기 객관화,
인지 치료의 시작

"내가 그때 삼성전자에 올인했어야 했는데…."

10년 전에도, 3년 전에도 심지어 지난주에도 단톡방에 이와 같은 말을 하면서 후회하는 지인이 있다. 그는 툭하면 이런 후회를 반복하곤 했는데 어쩔 땐 삼성전자가 아니라 구글이나 테슬라였고, 한때는 비트코인이었다.

"아, 진짜 내가 그 주식만 샀어도 지금 은퇴했을 거야."

그는 아마 앞으로도 이렇게 말할 것이다. 실제로 그는 주식을 사기는 한다. 다만 본인이 언급한 우량주나 가치성장주가 아니라, 매번 신풍제약이나 덕성우 같은 고위험주, 정치테마주에 투자할 뿐이다. 결과론을 들먹이면서 의미 없는 후회를 하고, 위험주에만 투자하는 언행불일치를 보이는 이유는 무엇일까? 자기 객관화가 잘 안 되기 때문이다.

자기 객관화라는 개념은 쉽게 말하자면 '타인의 눈에 자신이 어떻게 보일지를 깨닫는 것'이다. 단톡방에서 이 친구의 말을 신뢰하는 사람은 아무도 없다. 허세가 많은 양치기 소년 정도로 치부하며 적당히 맞장구를 쳐주거나 '쟤 또 시작이네'라고 생각할 뿐이다. 유감스럽게도 이 사실을 모르는 본인은 뉴스에서 삼성전자나 테슬라가 거론될 때마다 본인의 무용담을 장황하게 떠든다. 와이프가 말리지만 않았어도 전세금 6억 원을 모두 빼서 투자했을 것이며 지금쯤 한남동 나인원을 샀을 거라는 허황된 이야기를 지치지도 않고 매번 반복한다. 그러던 어느 날, 지겨운 레퍼토리에 짜증이 난 친구 중 하나가 "야, 넌 아마 샀어도 10% 올랐을 때 못 참고 팔았을 걸?"이라며 직면을 시도했다. 결과는 어땠을까?

서로 쌍욕을 주고받다가 둘 다 단톡방을 나가는 것으로 마무리되었다. 자기 객관화가 안 되는 사람에게 사실을 들이밀어서는 안 된다. 어차피 이들은 타인의 의견을 듣거나 수용할 의사가 전혀 없으며, 오직 자기 자신에게만 공감한다. 상대방이 자신을 공감하고 이해해주길 바라면서 정작 자신은 상대방에게 그렇게 해주질 않는다. 이미 충분히 잘하고 있다고 착각하거나 '난 요새 힘드니까 안 그래도 돼. 먼저 배려받아야 해'라고 생각하는 개인화의 오류 때문이다.

이들은 답정너('답은 정해져 있어. 너는 대답만 해'의 줄임말)인 상태로 자신이 듣고 싶은 말만 들으며 충고나 비판, 평가를 극도로 싫어하고 불쾌하게 여긴다. 자존감이 공격당했다고 느끼기 때문이다. 이들에게는 오직 지지요법만 가능하다. "아, 그랬구나. 네 말이 다 맞아. 참 힘들었겠다"를 반복하며 그를 위로해주는 것이다. 이렇게 되면 성숙한 어른의 대화, 중립적이고 객관적인 공유가 불가능해져 무리에서 따돌림 당하기 쉽다.

그의 뒤에서는 "야, 쟤는 원래 그래. 괜히 건드리지 마"와 같은 말이 오가고, 자기만의 좁은 세계에서 아주 제한된 정보만을 얻으며 혼자 살게 된다. 바로 이것이 자기 객관화에 실패한 초보 투자자들이 하는 실수다. 투자 왕따가 되어서 홀로 주식투자를 하는 경우, 백이면 백 쓰디쓴 손실을 맛본다. 이들의 방어기전, 즉 안 좋은 습관들은 다음과 같다.

- "이번엔 운이 나빴어." 최소화 혹은 임의적 추론
- "경기가 워낙 침체라 장이 안 좋았어." 투사, 남의 탓
- "이번에 주식으로 1억 벌었어(실제는 1,000만 원인데)." 거짓말과 확대 재생산
- "이번에 주식으로 500만 원 정도 손해 봤는데 차라리 잘된 일

이야. 부동산이나 다른 데 투자했으면 더 크게 손해를 봤을 거야. 전화위복이라고 생각해야지." 사실을 아전인수격으로 유리하게 해석하는 개인화의 오류

인사이트가 없는 초보 투자자에게는 주변의 주식 고수나 전문가들이 제아무리 따뜻한 조언을 해줘도 효과가 없다. 도움이 아닌 비난으로 받아들이기 때문이다.

"야, 나도 그 정도는 알아."
"주식투자에 전문가가 어디 있냐? 너는 항상 돈 벌어?"
"조언은 고마운데, 내 돈은 내가 알아서 할게."

다른 사람의 조언과 경험을 귀하게 들어야 하는데 모든 말에 날을 세우는 사람을 도와줄 방법은 없다. 자기 객관화는 대단한 능력이 아니다. 그저 자신을 제3자의 눈으로 바라보며, 현재 상태를 이성적으로 평가하는 과정으로, 선입관과 아집을 배제하고 굴곡이 없는 투명한 거울에 비친 자신의 모습을 인정하는 것이다. 하지만 자신의 모자람과 나약함을 인정하고 곱씹어서 수용하는 일은 쉽지 않다. 그 고행의 과정 속에 성숙과 발전의 비결이 숨어 있다. 자기 객관성을 아직 확립하지 못한 초보자들의 인지적 오류를 치료하기 위해 몇 가지 조언을 해주고 싶다.

- 일기와 가계부를 쓰면서 투자자로서의 자신을 매일 기록하자.
- 감정이 아닌 오직 사실만을 기록하고 말하며 전달하는 습관을 가져야 한다.
- 경청해라. 다른 사람의 말이 모두 끝나고, 3초 후에 이야기하라.
- 모든 논의에서 '내가 틀릴 수 있다'는 사실을 대전제로 삼아라.

당신은 초보다. 그 사실을 부끄러워할 필요는 전혀 없다. 누구나 처음엔 초보이니까. 하지만 기억하자. 착한 초보자가 되어야 한다. 남이 보기에 도와주고 싶고 가르쳐주고 싶은 태도를 견지하도록 하자. 쓸데없는 자존심을 부리는 데 에너지를 쏟는 대신 타인의 말을 경청하고 자신이 하루하루 발전하고 있는지를 확인해야 한다. 자기가 한 실수를 잊지 않고 객관적으로 돌아보는 과정이 곧 인지치료의 시작이다. 동시에 초보 투자자를 벗어나는 길이기도 하다.

우리는
생각보다 게으르다

내가 어떤 인간인지 가장 정확하게 알고 있는 여자친구의 말을 빌리면, 나는 곰처럼 게으르다. 믿을 수 없을 만큼 게으르며, 이만치 먹고 사는 게 다 조상님의 은덕이라고 한다. 처음에는 이 말을 듣고 무척 발끈했으며 오랫동안 이를 인정하지 못했으나 최근에서야 받아들이게 되었다.

정신과 의사인 내가 게으르다고 말하면 대부분의 사람은 믿지 않는다. 나 역시 믿지 않았다. '이 정도면 부지런한 편이거나 최소한 보통이지!'라고 생각했다. 하지만 여자친구는 다음과 같은 사실로 나의 자존감에 1차 폭격을 가했다.

"마지막으로 땀 흘려 운동한 적이 언제인가?"
"PT를 등록하고 왜 안 가는 것인가?"
"영어 공부를 한다고 하더니 왜 하지 않는가?"
"운전은 대체 언제쯤 능숙하게 할 것인가?"
"과일을 제대로 못 깎는 이유는 무엇인가?"

나는 최선을 다해 변론했다.

"운동이 적성에 맞지 않다. 무리한 운동은 오히려 몸을 망친다. 허리 디스크, 스트레스…."
"힘센 남자가 내 몸을 만지는 게 싫다."
"미국에 살게 되면 하겠다. 구글 번역기가 아주 훌륭하다."
"2014년 큰 사고 이후 운전대만 잡으면 공황이 온다."
"미안하다. 오렌지나 귤만 먹겠다."

이와 같은 말다툼은 출근 전 시간과 퇴근 후 시간을 어떻게 쓰는지 돌아보는 계기가 되었다. 나는 보통 오전 8시에 눈을 떠서 휴대전화를 손에 든다. 1시간 20분 동안 인터넷을 보거나 유튜브를 보면서 낄낄거린다. 오전 9시 20분 샤워를 하고 출근 준비를 한다. 가끔 반신욕을 즐기기도 한다. 저녁 7시에 퇴근해서 집에 도착하면 7시 45분. TV, 노트북, 태블릿을 모두 켠다. 프로야구와 유튜브를 틀어놓고 게임을 한다. 과자와 콜라를 함께 먹으면 더 행복하다. 밤 11시 45분까지 게임을 하는데 눈이 건조해서 뻑뻑해질 때쯤 잠이 든다. 다시 다음 날 8시에 일어난다. 매일 퇴근할 때마다 다짐을 하기는 한다. 오늘은 반드시 책을 읽어야지. 참고로 《진짜 부자와 가짜 부자》를 다 읽는 데 세 달이 걸렸다. '오늘은 꼭 글을 써야지'라고 결심하지만 일주일에 A4 한 장이 최선이다. 〈정신의학신문〉에 칼럼을 2년 가까이 연재하고 있는데 마감을 수도 없이 미루는 통에 이미 모든 변명거리가 바닥났고, 담당자의 하해와도 같은 이해심과 인품을 거듭 확인하는 계기가 되었다. 방이 세 개인 집에 혼자 살고 있지만, 거실엔 쓰레기가 가득하고 작은 방 두 개에는 세탁물과 말리다 만 빨래, 잡동사니, 출처를 알 수 없는 짐들로 꽉 차 있다. 발 디딜 틈이 없다.

투자에 있어서도 마찬가지다. 한국투자증권에 분명히 잠자는 주식과 돈이 얼마쯤 있을 것이다. 파마리서치프로덕트라는 공모주를 받은 게 5년 전인데, 몇 주를 받았는지 기억이 가물가물하다. 비밀번호를 까먹어서 지점에 방문해야 하는데 아직도 가지 않았다. 큰돈이 아니라는 생각에 소홀한 것인데 무척 부끄러운 일이다. 시간외거래, 시초가 매수하는 법, 시간외종가나 단일가 주문, 예약이나 자동 주문, 분할 주문에 대해서 조금만 빨리 알았더라도 꽤 많은 돈을 아낄 수 있었다. 그 간단한 주문 방법, 15분이면 익힐 수 있는 것들을 나는 주식투자를 시작한 지 3년이 되도록 모르고 지냈다. 나는 자신이 게으른 투자자라는 것을 인정하지 않았다. 고집부리고 오만했으며 타인의 조언에도 귀를 닫았었다.

여러분도 자신에게 딱 한 가지 질문을 해보길 바란다. 변화할 의지가 있는가? 게으르지 않다며 변명하고 고집부려도 좋다. 나 역시 그랬으니까. 하지만 지금 이 시간에도 당신의 주식계좌의 잔고는 줄고 있을 것이다. 다시 묻겠다. 진심으로 변화하고 싶은 마음이 있는가? 오늘과 다른 내일이 오기를 진정으로 바라는가?

투자에 성공하는
습관 만들기

'당신의 슬기로운 주식생활'을 위해서는 일상부터 바꿔야 한다. 당신은 수많은 변수와 불안을 매일 마주할 것이다. 매도할 것이냐 보유할 것이냐의 선택의 기로에서 조금이라도 더 현명한 판단을 내리기 위해서는 일상에서의 자기 통제력을 기르고 건강한 삶을 살아야 한다. 건강한 투자자가 되려면 건강한 육체와 정신이 선행되어야 한다는 뜻이다.

가장 중요한 첫 번째가 운동이다. 운동이 뇌의 근육을 강화시키기 때문이다. '운동을 많이 하면 똑똑해진다고? 에이 설마? 그러면 운동선수들은 다 천재란 소리야?'

사실이다. 실제 운동선수들의 IQ나 암기력이 일반인보다 월등하지는 않지만 프로스포츠 선수나 톱클래스의 운동선수들은 보통 사람보다 훨씬 높은 집중력, 기억력, 인지협응력을 갖고 있다. 이들의 뇌는 그들의 신체만큼이나 건강하며 어떤 분야에서는 서울대를 졸업한 수재들보다 훨씬 높은 수행력, 성과, 사고 처리 속도를 보이기도 한다.

그 이유에 대해 차근차근 설명할 테니 지루하더라도 조금만 참아주기를 부탁한다. 운동을 하면 근육에서 IGF-1이라는 단백질이 생성되고 이를 통해 BDNF(Brain-Derived Neurotrophic Factor)라고 하는 뇌신경 영양인자가 촉진된다. BDNF는 우리 뇌를 건강하게 하는 필수 영양제다. 기억과 학습을 담당하는 해마체, 언어를 이해하는 측두엽, 인지기능과 계산, 결정기능을 담당하는 전두엽에 작용해 새로운 뇌세포를 만들고 촉진하는 역할을 한다. 이렇게 되면 새로운 뉴런들이 끊임없이 업데이트되고 활성화되면서 뇌의 전전두엽에서 피질의 회백질 부위가 증가되고 인지기능과 집중력이 향상된다. 쉽게 말해서, 매일 운동하면 매일 뇌가 새로워진다는 뜻이다.

또한 꾸준한 운동이 스트레스에 대한 면역력을 높여준다는 연구 결과가 있다. 일본에서 10대 소녀들을 대상으로 진행된 연구에서 8주 동안 절반의 학생들에게 운동을 시켰고 나머지 학생들은 평소처럼 지내도록 했다. 8주 후 소녀들의 스트레스 호르몬(코르티솔, 아드레날린)의 수치를 비교했을 때 운동을 한 그룹은 급격한 감소를 보였고 심지어 우울증이 있던 사람까지도 눈에 띄게 호전되었다. 장기 투자를 하다 보면 필연적으로 경험하게 될 불안과 스트레스에 대한 내성과 회복탄력성을 얻기 위해서는 반드시 운동이 필요하다.

두 번째는 습관의 변화다. 매일 아침 9시부터 오후 3시 30분까지 종일 주식 창을 들여다보는 것부터 바꿔야 한다. 쳐다본다고 주식이 오르는가? 절대 아니다. 내가 사지 않은 주식, 내 친구의 주식만 오를 뿐이다. 일하면서도 눈은 작업 모니터가 아닌 스마트폰을 향해 있고 안구건조증과 두통으로 일에 대한 의욕은 점점 사라진다. 어느 날은 아침부터 주식이 폭락해서 출근조차하기 싫을 때가 있다. 하루 종일 무기력증과 초조감에 시달리다 퇴근한 뒤에는 밤 11시 30분부터 또 미국주식을 확인한다. 이렇게 만성적으로 불안 수치가 올라가면 노르에피네프린이 도파민을 방해하고 뇌 활성을 저하시킨다. 집중력이 떨어지고, 전두엽과 변연계 등 뇌의 각 영역들의 기능을 통합하는 두정엽에 문제가 나타난다. 그 결과, 마치 버퍼링에 걸린 것처럼 사고 처리 능력과 반응 속도가 느려지고 결정장애가 생기는 것이다. 이렇게 되면 정작 실제로 매수나 매도를 해야 할 순간에는 판단력과 의사결정 능력이 떨어진다. 끊임없이 자신에 대한 의심과 자책만 늘어갈 뿐이다. 우울감으로 판단력이 흐려지면 인내심은 더욱 부족해지며, 대뇌 피질은 만성적으로 위축된다. 즉, 투자 인지 능력이 계속 떨어지는 것이다. 이런 일상이 반복되면 매너리즘으로 인해 더 이상 도파민이 나오지 않고 나날이 무기력해진다. 이러한 관성에서 벗어나려면 다음과 같은 실천이 필요하다.

- 아침에 일어나 스마트폰을 보는 게 아니라 스트레칭을 할 것
- 식사할 때는 스마트폰을 보지 않을 것
- 하루에 주가를 한 번만 확인할 것
- 주식 창을 보면서 매수, 매도 판단을 내리지 않을 것

이런 사소한 변화만으로도 뇌를 환기시키고 부정적인 사고 방향을 전환하는 데 도움이 된다.

세 번째는 자신만의 루틴을 만드는 것이다. 그중 가장 기본적이면서도 중요한 것이 식사와 수면이다. 우리는 1년에 1,000회 가까운 식사를 하고 평균 2,400시간을 잔다. <u>사람을 변화시키는 가장 빠른 방법은 내가 매일 하는 일, 가장 접근하기 쉬운 행동부터 건강하게 바꾸는 것이다.</u> 특히 아침식사가 중요한데 아침에 먹는 단백질은 몸 안에서 트립토판으로 분해되어 세로토닌을 만드는 중요한 원료가 된다. 현명한 투자자들은 절대로 뜨거운 아메리카노로 하루를 시작하지 않는다. 잠이 덜 깬 뇌에 카페인을 넣으면 예민하고 초조한 하루가 시작되기 때문이다. 적당량의 식사(바나나, 요거트, 견과류 등)로 아침을 시작해보자. 오늘 아침식사로 생긴 새로운 세로토닌은 당신의 일상을 조금 덜 짜증스럽고, 덜 불안하게 만들어준다. 투자를 할 때도 훨씬 여유 있고, 합리적인 판단을 내릴 수 있을 것이다.

건강한 뇌를 위해서는 잠을 잘 자는 것도 무척 중요하다. 숙면을 취하려면 기본적으로 매일 비슷한 시간에 잠을 자야 한다. 우리 몸의 수

면 시계는 자연스럽게 스스로 균형을 맞추면서 1~4단계, REM 수면의 비율을 설정해나간다. 가장 이상적인 수면 패턴은 수면의 1단계로 시작해 자연스럽게 3~4단계를 지나 마지막에 다시 1단계에서 깨는 것이다. 이 패턴이 규칙적으로 자리잡고 익숙해지기 위해서는 매일 정해진 시간에 잠들고, 정해진 시간에 깨는 것이 무척 중요하다.

또한 밤 11시가 넘으면 스마트폰을 보지 않는 것이 좋다. 특히 침대에서 스마트폰을 보는 습관이 수면의 천적이다. 잠들기 전 누워서 유튜브를 보는 짜릿함을 왜 모르겠는가! 나 역시 침대에서 두 시간씩 멍하게 유튜브를 보다가 잘 타이밍을 놓친 적이 수없이 많다. 작은 스마트폰 화면을 몇 시간씩 뚫어지게 보다가 억지로 잠을 청하면 수면의 질은 폭락한다. 눈은 건조해지고 두통과 불면증으로 아침을 시작할 수밖에 없다. 하루를 시작도 안 했는데 이미 체력과 정신력이 소진되고 피로한 상태다.

또한 수면의 질은 배고픔이나 포만감, 체온, 감정 상태에 많은 영향을 받는다. 뇌의 시상하부로부터 나오는 테스토스테론, 코르티솔, 멜라토닌의 비율이 수면 상태를 결정하기 때문에 규칙적인 식사를 하는 것, 아침을 조금이라도 먹는 것, 야식을 피하는 것은 숙면에는 물론, 신체의 대사작용과 생체리듬을 조절하는 데 무척 중요하다.

사람들은 사소한 일상의 루틴을 과소평가하는 경향이 있다. 당신은 지난 몇 년 동안 불면증을 겪었으며, 10년 동안 한결 같이 아침을 굶었다. 매번 소화불량, 무기력감, 피로감에 시달리면서도 그냥 남들도 다 비슷하겠거니 하면서 지냈다. 하루 0.1%라도 긍정적인 변화가 매일 쌓인다면 1년이면 36.5%가 발전하는 것이다. 1년에 36.5% 수익이라니 실로 엄청나지 않은가!

일상의 루틴을 만들고 습관이 쌓이면 이것은 태도가 된다. 성격, 판단력, 인내심에 긍정적인 영향을 줄 수 있으며 본업에 충실하면서도 슬기로운 투자자가 될 수 있는 길이 열릴 것이다. 몸과 마음의 건강을 유심히 관찰하고 뇌를 리프레시하는 습관을 가져야 한다. 투자가 아닌 나의 삶과 일상부터 집중해보자. 최고의 우량주는 바로 나 자신이니까.

주식투자는 동업자를 고를 때처럼 신중해야 한다

당신이 어떤 직업을 가지고 있건, 얼마나 부자이건 간에 회계를 알아야 한다. 그래야 능동적인 진행형 부자가 될 수 있다.

자산은 '자본 + 부채'를 말한다. 즉, 자산은 내가 굴릴 수 있는 돈, 자본은 순수 내 돈이라고 이해하면 된다. 자본은 '자본금 + 이익잉여금 + 기타'를 의미하는데, 투자받은 돈도 자본금에 해당한다. 좀 더 쉬운 비유를 적용해보자.

당신에게는 현재 동업을 고려하고 있는 후보 두 명이 있다. 그들의 재무 상태는 아래와 같다.

1번 후보

현재 모은 돈 1억 원 + 은행대출한도 1억 원

2번 후보

현재 모은 돈 0원 + 은행대출한도 2억 원

둘의 자산은 2억 원으로 동일하다. 누가 경제적으로 더 안정적일까? 누군가는 "사업을 하겠다는 사람이 돈을 한푼도 못 모았다니 문제가 많다. 무조건 1번이 믿음이 가네"라고 말하겠지만 실상은 그리 단순치 않다. 지금까지 모은 돈이 한푼도 없는 사람이 어떻게 대출을 2억 원이나 받을 수 있었을까? 합리적인 질문을 던져봐야 한다. 은행은 절대로 갚을 능력이 없는, 즉 신용등급이 낮은 사람에게 돈을 빌려주지 않는다. 따라서 개인의 연봉, 기업으로 치면 연간 영업이익을 고려해야 한다. 현재가 아닌 미래에 얼마나 높은 수익과 가치를 창출할 수 있는지 변수를 평가해야 한다는 의미다.

1번 후보의 직업은 중소기업에 다니는 대리로 세후 연봉이 4,000만 원이었고 2번 후보는 로펌 변호사로 세후 연봉이 1억 4,000만 원이다. 그럼 그렇지! 2번은 믿는 구석이 있어서 그동안 돈을 모으지 않은 것이었구나. 그렇다면 법률자문도 받을 수 있고, 미래가치까지 고려했을 때 2번 후보와 동업하는 게 경제적으로 정답인 것일까?

아니다. 또 한 가지 필수적으로 고려해야 할 중요 변수가 있다. 투자금(집에서 사업에 쓰라고 밀어주는 돈)이다. 1번 후보의 아버지는 아들이 평소에 효도를 많이 했는지, 사업지원금으로 3억 원을 준다고 한다. 부럽다. 2번 후보의 아버지는 변호사인 자식에게 굳이 지원해줄 필요가 없다고 여긴다. 현재까지 두 사람의 재무상태는 이렇다.

1번 후보

자본 4억 원(모은 돈 1억 원 + 투자금 3억 원) + 은행대출한도 1억 원 / 세후 연봉 4,000만 원

2번 후보

자본 0원(모은 돈 0원 + 투자금 0원) + 은행대출한도 2억 원 / 세후 연봉 1억 4,000만 원

현 시점에서의 자산은 1번이 5억 원, 2번이 2억 원으로 2.5배나 차이가 난다. 그럼 1번이 정답일까? 아니다. 여전히 변수는 있다.

두 사람의 연봉 차이를 고려한다면 6~7년이면 2번이 1번의 자산을 역전할 수도 있고, 1번이 현재 자산으로 구입 가능한 회사 부지나 상가가 6~7년 후에 연봉 차이를 뛰어넘을 만큼 가치가 높아질 수도 있다.

무척이나 복잡하고 어려운 선택이다. 개인의 재무상태를 비교하는 것도 고려해야 할 게 이렇게 많은데 투자할 기업을 선택하고 비교하는 일은 얼마나 어려울까? 정말 솔직하게 반성해보자. 과연 당신은 주식투자를 할 때 이만큼의 고민을 거쳤을까? 대부분 아닐 것이다.

찌라시나 주변의 말에 현혹되어 수천만 원을 생전 처음 들어본 주

식에 올인하던 어제의 나와는 달라져야 한다. 냉정하고 분별력 있는 투자자로 다시 태어나려면 우선 재무제표를 읽을 줄 알아야 한다. 그리고 재무제표를 읽기 위해서는 제일 먼저 자신의 재무상태표를 그릴 수 있어야 한다.

부자 되는 비법,
나의 재무상태표 작성하기

부자가 되기 위해서는 나의 재무상태표를 작성하는 작업이 선행되어야 한다. 내가 사는 아파트 가격이 얼마이고, 연봉이 얼마인지 두루뭉술하게 적어보자는 것이 아니다. 현재 내가 가진 고정자산, 유동자산, 부채, 자본에 대해서 치밀하고 세세하게 알고 있어야 한다. 당신의 작년 총 소득이 얼마인지 정확하게 아는가?

"5,000만 원이 좀 안 될 거야"라고 한다면 이미 문제가 있는 것이다. 적어도 십만 원 단위까지는 정확하게 알고 있어야 한다. "그런 걸 일일이 어떻게 다 기억합니까?"라고 묻는다면 당신은 부자가 될 자격이 없다. 몇만 원의 소중함을 모르는 사람은 은행 대출이자와 정기예금, 연금보험의 0.1% 차이도 신경 쓰지 않을 것이고, 복리의 힘에 대해서도 무시할 게 뻔하다. 작은 것, 세세한 것을 귀찮아하는 건 대범한 게 아니라 게으른 것이다. 나 역시 마찬가지였다.

투자를 위한 첫 걸음은 당신의 작년 총 소득과 지출이 얼마인지 정확하게 아는 것이다. 그러기 위해선 우선 가계부를 써라. 응? 고작 그게 비법이라고? 피식하고 비웃기 전에 주변을 둘러보길 바란다. 당신 주변에 매일 가계부를 쓰고 수입과 지출을 꼼꼼히 기록하는 사람이 정말 몇이나 있는지를. 당신이 자신의 재정 상태에 대해 알고 있는 것은 월급이나 인센티브, 보너스의 액수가 전부일 것이다. 정확히 얼마를 쓰고 있는지는 대부분이 모른다. 영어 공부를 할 때 갑자기 외국인 회화 과외부터 받는 것이 의미 없듯, 투자에 있어서도 걸음마를 배우고 ABC를 익혀야 한다. 가계부를 쓰는 게 의미 없다고 생각하는 순간, 앞으로의 수업과 공부도 동력을 잃게 된다.

전문가의 수많은 조언들을 흘려듣는 사람들의 공통점이 있다. 아무리 쉬운 팁을 알려줘도 실천하지 않는 이유는 무엇일까? 바로 고집과 게으름 때문이다. '이걸 한다고 뭐가 변하겠어? 이게 무슨 의미가 있어?'라고 생각하며 부자로 가는 길에 스스로 재를 뿌린다. 이들이야말로 실제 잔고가 아닌 마인드가 가난한 사람들이다. 매사에 부정적이고 비관적이다. 돈도 감정이 있기에 이런 사람들에게는 가까이 오지 않는다.

가계부를 쓰라고 할 때 사람들이 꼭 물어보는 것이 있다. 자잘한 돈까지 다 써야 하는지 묻는다. 물론이다. 당신이 평범한 사람이라면 하루 지출이 백만 원 단위는 아닐 것이다. 특별한 경조사나 이벤트, 명품을 사는 것이 아니라면 일상적인 하루의 소비는 5만 원에서 15만 원 사이다. 3,000~4,000원이면 전체 하루 소비의 3~5 % 정도다. 이는 절대로 자잘한 영역이 아니다. 어디에 썼는지 가능하면 100원 단위까지 기억하고 기록하는 데 '가계부 쓰기'의 의미가 있다.

흔한 오해로 '가계부 쓰기=절약을 위한 것'으로 생각한다. 물론 그러한 장점도 목적 중 하나일 수 있지만 가계부 쓰기의 진의는 내 소비 습관, 즉 경제인으로서의 나를 투명하게 파악하는 데 있다. 소비자로서의 나, 생산자로서의 나는 경제적으로 어떤 성향을 가지고 있는지, 현재 정확한 위치를 가늠해볼 수 있는 척도인 것이다. 치밀하고 냉정하게 나를 1인 기업으로 생각하고, 재무건전성 평가부터 시작해보자. 얼마나 새는 돈이 많은지, 불필요한 낭비가 이렇게 많았는지를 알면, 새삼 깜짝 놀랄 것이다.

전기세, 가스비 연체료와 인터넷 쇼핑으로 쓰는 보복소비, 매일 늦잠을 자는 통에 지하철이 아닌 택시비로 쓰는 돈 등이 대표적인 새는 돈이다. 나는 게임 아이템(롤 스킨, 세븐나이츠 뽑기, 피파온라인 뽑기)과 네이버 웹툰 쿠키를 사는 데 한 달에 20만 원 이상 쓴 적도 있다. 스트레스 해소에 도움이 되노라 변명했지만, 실제로 그렇게 많이 썼는지는 가계부를 쓰기 전까지 까맣게 몰랐다. 한 번에 만 원씩, 몇천 원씩 하는 결제를 무심코 반복하다 보니 그만큼 쌓인 것이다.

　내가 설령 한 달에 1,000만 원을 번다고 해도 20만 원, 2%에 해당하는 비중은 절대로 작은 돈이 아니다. 오늘부터 당장 가계부를 써보자.

　두 번째, 자신의 신용등급과 대출한도를 알아야 한다. 우리는 집을 살 때나 결혼할 때, 창업하는 경우가 아니면 은행에서 얼마나 돈을 빌릴 수 있는지 별로 관심이 없다. 이러한 무지는 치명적이고 부끄러운 것이다. '내가 벌 수 있는 돈, 실제로 버는 현재의 돈'에만 관심이 있을 뿐 미래의 자산에는 무심하다고 볼 수 있다. 대출은 미래의 돈을 위한 준비이며 진행형 부자가 되기 위한 필수요소다.

　부동산 가격이 이렇게 미친 듯이 오르는 데도 '가급적 빚은 안 지는 게 좋지'라는 무사안일의 사고방식에 빠져 있다면 큰 부자가 되기는 글렀다고 볼 수 있다. 지금 당장 대출을 받지 않더라도 당신이 마련할 수 있는 자산의 최대치는 항상 체크하고 있어야 한다. 큰돈이 필요해서 막상 은행에 대출한도를 물어보면 대부분 깜짝 놀라기 때문이다. 당신이 공무원이 아니라면, 은행은 당신이 얼마를 예상하던 간에 그것보다 작은 돈을 빌려준다. 아니, 빌려주기만 해도 다행이다.

　은행에서 돈을 빌리려면 기본적으로 필요한 서류가 있다. 작년과 재작년의 소득증빙, 재직증명서, 신분증, 가족관계증명서 등이다. 만약 당신이 최근에 직장을 옮겼다면 대출을 받을 수 없다. 2015년 내가 지방에 있는 병원에서 서울대병원 전문의로 직장을 옮겼을 때, 마이너스 통장을 개설하기 위해 신한은행에 갔다. 단순하게도 나는 큰 병원으로 직장을 옮겼으니 대출이 더 잘 나올 것이라 생각했으나 엄청난 오산이었다. 심지어 서울대병원 안에 있는 지점이었음에도 불구하고 엄청나게 많은 서류를 요구했다. 당시 새 직장에 근무한 지 두 달밖에 안 된다는 이유로 마이너스 통장 개설이 거절되었다.

"아니, 내가 그래도 의사이고 서울대병원에서 일하는데 내 직업 안정성을 의심한다고?"

무척 억울한 마음에 우리은행을 찾아갔다. 15년 넘게 거래한 우리은행조차 같은 이유로 대출을 거부했다. 세상에, 의사 면허증만 있어도 1억 원 정도는 대출이 가능할 거라 생각한 내 안일함이 부끄러웠다. 결국 갖은 고생 끝에 다른 지점에서 일하는 지인을 통해서야 겨우 대출받을 수 있었다.

미래의 투자 포트폴리오를 위해 반드시 자신의 대출한도를 미리 확인해두자. 그리고 언제, 어떤 방식으로 돈을 빌려야 가장 낮은 이율로 최대 한도를 빌릴 수 있는지에 대한 가상의 시나리오도 세워두는 것이 좋다.

투자 회복탄력성을
기르는 법

"나는 주식투자를 하면서 단 한 번도 실패한 적이 없다"고 말하는 사람을 봐도 하나도 부러워할 필요 없다. "조만간 지옥 맛을 보겠구먼…"이라고 혀를 끌끌 차면 된다.

실패해본 적이 없는 사람은 공격적인 투자를 아직 해보지 않았거나 그만큼 경험이 부족한 초보라는 뜻이다. 제대로 준비하고 일정 기간 이상 주식에 투자한 사람이라면 우리는 필연적으로 손실의 쓴맛을 볼 수밖에 없다.

사실 주식투자라는 게 처음엔 무척 달콤하다. 10만 원, 50만 원으로 시작한 사람이라면 조금 손해를 봐도 별로 개의치 않을 금액이며, 조금 수익을 보면 그 돈으로 소고기를 사 먹으면서 기뻐한다. 하지만 달콤한 수익에 취해 욕망의 기댓값이 높아지면 투자액이 수천만 원이 된다. 여유자금이 아니라 빌려서 끌어온 돈까지 들어가 있다면, 이때부터는 생존게임이다. 주식으로 몇백 정도의 손실까지는 그럭저럭 버틸 만하지만, 1년 연봉보다 손실이 커지면 그때는 트라우마가 생긴다.

주식 꽤나 해본 사람치고, 망치로 얻어맞아 뇌가 정지된 느낌을 경험해보지 않은 사람이 없을 것이다. 현명한 투자자는 실패하지 않는 법이 아니라 맷집을 기르는 법, 빨리 회복하는 법을 아는 사람이다. 나는 그것을 투자 회복탄력성이라 부른다.

그렇다면 정신이 아득해질 정도의 쓰라린 실패와 손실을 딛고 멘탈과 평정심을 회복하려면, 즉 투자 회복탄력성을 기르기 위해선 어떻게 해야 할까?

<u>첫째, 투자는 여유자금의 10분의 1로 시작해야 한다.</u> 항상 여유자금을 남겨 놓는 것이 좋다. 변동성과 폭락의 위험, 돈이 묶일 가능성에 대비해서 장기적으로 대처할 수 있는 가장 이상적인 초기 투자금이다.

여유자금이 1억 원인 당신이 1,000만 원으로 A라는 종목을 샀다고 하자. 당신은 10번의 물타기 기회가 남아 있다. 이는 폭락에 대한 15일, 20일, 30일, 60일 이동평균선까지 충분히 유연하게 대처할 수 있다는 의미다. 어떤 사람들은 여유자금의 10분의 1만 투자하는 것은 지나치게 소심하고 방어적인 투자법이라고 생각한다. 하지만 이 방식의

장점은 기본적으로 장기 투자를 상정하기에 어떤 변동성에도 충분히 대응할 만한 시간적, 심리적 여유가 있다는 것이다.

둘째, 올인하지 않는다. 그리고 빚을 지지 않는다. 2020년 여름부터 2021년 1월까지 이어진 폭등장은 영끌해서 주식에 올인하는 것이 현명한 시기였다. 하지만 이는 야수의 심장을 가진 고수들에게나 합리적인 일이지, 초보들은 엄두도 내기 힘든 미친 짓이다.

신용미수나 대출로 산 주식이 폭락하면 초보 투자자는 절대로 평정심을 유지할 수 없다. 이때 가장 현명한 행동은 주식 창을 조용히 닫고 본업에 집중하면서 한 달 후쯤 다시 계좌를 열어보는 것인데, 올인했거나 빚으로 투자했다면 도저히 안 보고 버틸 수 없다. 매일 떨어지는 주식을 보면서 결국 손절한다. 그렇게 손절한 주식이 바로 급등하면 그야말로 트라우마가 생긴다. 자책과 분노가 몸을 뒤덮고 다시는 주식을 쳐다보기도 싫어진다. 따라서 당신이 초보라면 실패 후에도 다시 도전할 수 있는 여지를 남겨둬야 한다. 매수타이밍이 왔다고 해서 절대로 한두 번 만에 올인해서는 안 된다.

셋째, 인내심과 자제력을 길러야 한다. 회복탄력성의 가장 중요한 코어 근육은 인내심이다. 타이밍을 기다리고, 충동을 조절하는 능력이 필요하다. 이것을 가장 쉽게 높여주는 방법이 바로 운동이다. 투자 근육을 키우려면 몸의 근육부터 키워야 하고 충분한 휴식과 이완을 통해 회복력을 높여야 한다. 매일 헬스장에 가서 몸짱이 되거나 명상, 요가마스터가 되라는 의미가 아니다. 이 책을 쓰는 나도 당신처럼 게으른 초보이기에 그런 것을 기대하진 않는다. 앞에서 하루 단 10분의 운동으로 새로운 뇌세포를 만들 수 있다고 말했다. 힘든 자세를 유지하고, 1분 만에 그만두고 싶은 것을 참는 습관을 매일매일 이어나가면 자연스레 뇌에도 인내심이 생긴다. 몸의 통증, 피로를 참는 법뿐만이 아니라 마음의 통증과 분노, 두려움을 참아낼 수 있는 방법을 깨닫게 되는 것이다.

<u>넷째, 50만 원 투자법을 따라 해보자.</u> 주식에 대한 트라우마를 극복하기 위해 가장 좋은 방법은 수익을 경험하는 것이다. 한 번의 큰 수익보다는 여러 번의 작은 성공을 경험하는 것이 투자에 대한 공포와 불안을 줄여준다. 이를 위해서는 잃어도 크게 개의치 않을 만큼의 여유 돈만 투자하는 것이 좋다. 50만 원 정도의 돈을 개별 종목이 아닌 지수 ETF에 걸어놓은 뒤, 수익이 났을 때만 신호를 주는 알람을 맞춰놓고 그냥 기다리면 된다. 한 달이든 6개월이든 그냥 기다리는 것이다. 사실 이 방법은 무조건 성공한다. 코스피, 코스닥 상관없이 어느 시점에 들어갔든 6개월 안에 대부분 수익이 난다. 수익은 몇만 원 정도에 불과할 것이기에 그게 무슨 비법이냐고 비웃는 사람들도 있을 수 있다.

단순히 얼마를 버는 게 중요한 게 아니라 바로 휴식을 취한다는 점에서 의미가 있다. 50만 원은 우리의 일상에 크게 영향을 미치지 않는 돈이다. 기다리는 동안 당신은 주식에 에너지와 관심을 빼앗기지 않고 투자 스트레스로부터 멀리 벗어날 수 있었을 것이다. 그 사이 뇌는 충분한 휴식과 이완을 취할 수 있다. 즉, 투자를 하면서도 투자에 집착

하지 않고 본업과 일상에 집중하는 법, 투자와 휴식을 동시에 하는 경험을 뇌에 새기는 것이다.

다시 말하지만 이 50만 원 투자법의 목표는 얼마나 수익을 내느냐가 아니라, 적은 시드로 부담 없이 최대한 많은 경험을 해보는 데 진짜 의미가 있다. 분산 투자, 가치 투자, 중장기 투자계획을 세우고 실천해 보는 것이다. 지수펀드, 금펀드, 은펀드, 석유펀드, 농산물펀드까지 다양하게 투자해본 다음 실물 경제지표와 자원 사이에 어떤 연관성이 있는지를 배우고 경험해보자.

50만 원 투자법 프로젝트를 여섯 번쯤 성공적으로 마치고 나면, 당신의 뇌에는 우울감과 무기력감이 아닌 새로운 기대감과 도파민이 분출된다. 여전히 손실이 더 크겠지만 여러 번의 작은 성공이 제공한 휴식 기간 동안 충분히 투자에 대한 면역, 즉 당신의 회복탄력성은 높아졌을 것이다.

다섯째, 점진적 노출법을 익혀보자. 공황장애나 외상 후 스트레스 장애 환자를 치료하는 방법 중에 '점진적 노출법'이란 것이 있다. 지하철에서 공황발작이나 사고를 경험한 사람을 치료할 때 우선 1단계는 지하철을 아예 타지 못하게 한다. 2단계는 지하철역까지만 가고 실제로 열차를 타지는 않는다. 3단계는 친구와 함께 지하철을 타고 딱 한 정거장만 이동한 뒤 내린다. 이후 4단계는 혼자서 딱 한 정거장만 이동해본다. 그렇게 조금씩 이동 거리를 늘리는 방법이다.

고소 공포증 환자를 치료할 때도 비슷하다. 처음엔 2층, 1주일 뒤에는 3층, 2주일 뒤에는 5층… 이렇게 점점 높여가는 식이다. 불안과 공포를 바로 마주하는 것이 아니라 뇌에 익숙해질 시간과 적응할 여지를 줌으로써 두려움을 극복하는 원리다. 이 점진적 노출은 당연히 주식투자에도 적용할 수 있다. 큰 손실을 보고 충격에 빠진 당신이 다시 투자에 도전하기 위해서는 노출의 단계가 필요하다.

> **1단계 :** 주식 관련 모든 뉴스를 끊고, HTS를 다 지운다.
> **2단계 :** 한 달 후, 네이버 증권 등 주식 관련 뉴스를 다시 본다.
> **3단계 :** HTS를 다시 깔아 본다. 실제 거래는 하지 않는다.
> **4단계 :** 모의 투자, 상상 거래만을 몇 차례 시행한다.
> **5단계 :** 실제 거래를 시작한다. 단 한 주씩만 산다.

이런 단계를 거치면 비로소 당신은 트라우마에서 벗어나 다시 투자를 할 수 있는 준비를 마친 것이다.

중장기 투자자로서의 전환

"인생은 마라톤"이라는 말을 너무 쉽고 흔하게 쓰면서, 실제 마라톤을 뛰어본 사람들이 얼마나 될까? 아마 42.195km를 완주해본 사람은 아마 0.1%도 되지 않을 것이다. 나는 2014년 즈음 딱 한 번 하프 마라톤을 완주해본 적이 있다. 서른세 살의 나는 신체적으로 건강한 상태였음에도 2시간 50분 동안 거의 지옥을 경험했다. 당시 친구들과 하프 마라톤 완주를 할 수 있을지 내기했다. 완주를 못할 경우 20만 원을 내야 했는데 아마 10만 원이었으면 몇 번이고 때려치웠을 것이다. 2시간이 넘자, 내가 지친 게 느껴지지 않고 통증과 피로감으로 인해 엔도르

핀이 뿜어져 나오는 '러너스 하이' 현상을 경험했다. 한 30초 동안뿐이 었지만.

그리고 다시 지옥을 경험했다. 마지막 결승선을 통과할 땐 거의 기어서 왔는데, 얼굴은 콧물과 땀으로 범벅이었고, 머리는 너무 아팠다. 그리고 다시는 마라톤에 참여한 적이 없다.

인생에 딱 한 번 하프 마라톤을 뛰어본 나였지만, 확실히 깨달은 것이 하나 있다. 100m 달리기와는 그 운영 방식이 너무나도 다르다는 것. 2시간 50분 동안 나는 인생의 희로애락을 느꼈고, 노래를 몇 곡 부르거나 첫사랑의 얼굴을 떠올리기도 했는데 확실한 건 10분마다 내 비루한 몸의 신체 활력 징후가 크게 변동했으며 거기에 맞춰 나의 감정도 미친 듯이 기복을 보였다는 점이다. 오르막길에서는 분노와 절망을 느끼고, 내리막인 구간에선 '아유, 별거 아니네'라는 생각이 들었다. 작은 돌멩이 하나에 달리는 자세가 크게 흔들린 적도 있었고, 눈앞의 만만해 보이는 몇 사람을 무리하게 추월하려다 오히려 심장이 터질 것처럼 호흡이 가빠져 주저앉은 적도 있다.

아마 어떤 말을 하려는지 짐작했을 것이다. 단 한 번도 장기 투자를 해보지 않은 사람은 절대로 느끼지 못하는 것들이 있다. 주가의 흐름이나 변동성, 실적 턴어라운드와 주가의 상관성 등이다. 저금리가 장기화되면 실물경제 반등지표인 구리 값이 오른다는 것들 말이다. 허구한 날 단타만 고집하는 사람들은 이를 신경 쓸 필요가 없다. 단타쟁이들에게 주식투자란 오르거나 내리거나, 홀수냐 짝수냐를 맞추는 게임이다.

투자 결과와 무관하게 우리가 중장기 투자를 지향해야 하는 이유는 무엇일까? 성공과 실패는 운에 달린 것이 아니라 좋은 투자 습관에 달려 있기 때문이다. 투자의 여정은 길고 험난하지만 실패를 통해서도 배울 수 있다. 때때로 돈을 잃어도 올바른 투자 습관을 유지해야 성장할 수 있고, 돈을 되찾을 수 있다. 빠른 결과만을 노리며 단타에 집착하는 이들은 중독처럼 수익에 집착하고, 위험 종목만 골라서 투자하게 된다. 이래선 단기적으로 성공한다 한들 배우는 것이 없다. 다음 혹은 그 다음에 모래성처럼 무너질 뿐이다.

중장기 투자자는 여러 번 실패해도 완전히 무너지지 않는다. 과거의 실패에서 배운 것들이 그들의 투자 회복탄력성, 인내심, 멘탈을 지탱해주기 때문이다. 1년 혹은 3년을 투자하다 보면 그 사이 별 일이 다 생긴다. 코로나19 같은 전 지구적인 이벤트가 발생하기도 하고, 1500까지 떨어진 코스피가 3300이 되는 거짓말 같은 순간도 목도한다. <u>장기 투자의 가장 큰 이점은 두 가지다. 첫 번째는 손실을 복구할 수 있는 기회가 많다는 점. 두 번째는 투자와 기다림이 자연스럽게 삶의 일부가 된다는 것</u>. 오래 지켜본 종목에 한해서는 얼마에, 언제쯤 들어가야 하는지 타이밍도 보이게 된다.

지난 10년간 오로지 코스피나 코스닥 지수에만 적립식 펀드로 투자했거나 10년 동안 삼성전자를 팔지 않고 보유한 사람의 수익률은 실로 어마어마하다. 이들이 만약 그 10년의 시간 동안 여러 종목을 바꿔가며 수백 번 매매를 했었다면 과연 그만큼의 수익을 낼 수 있었을까? 존 리나 워런 버핏이 아닌 이상 불가능할 것이다.

초보자일수록 중장기 투자를 해야 하고, 기다림의 시간 동안 많은 준비를 하며 유동성과 변수에 대응할 전략을 짜야 하는데 우리는 반대로 한다. 초보자들은 감으로 단타를 치고 주가가 오르길 기도하는 동안, 고수들은 더 많은 공부를 하면서 장기 투자에 임한다. 투자지능의 격차는 더욱 심해지고 초보들은 언제나 돈을 잃게 되는 패턴이다.

걸어야 할 때, 뛰어야 할 때를 구분하지 못하고 남은 체력이 얼마인지 계산조차 않고 달리는 사람은 절대 마라톤을 완주할 수 없다. 주식 투자도 마찬가지다. 나의 현재 감정적 상태, 투자지능, 여유자산 등을 제대로 파악하지 않고 투자에 임한다면, 페이스 조절에 실패하거나 괴로운 결과만 맞이할 뿐이다.

하프 마라톤을 하면서 깨달은 가장 중요한 것은, 아무리 힘들더라도 발걸음을 멈추지 말아야 한다는 점이다. 숨이 차다고 멈추거나 주저앉으면 단지 그 순간만 편할 뿐 이후에 훨씬 괴롭다. 포기하고 도망치고 싶다는 마음만 남는다.

멈추지 않고 계속 걷는 것, 그 시간 동안 나를 돌아보며 재정비하는 것. 그것이 투자의 마라톤을 완주하는 유일한 방법이다.

TIP
존버에도 방법이 있다

우리는 흔히 "시간이 지나면 괜찮아진다"라는 말을 한다. 이는 시간이 지나면 자동으로 문제가 해결된다는 것이 아니다. 시간이 지남으로써 성장하고 성숙해진 당신이 예전에는 하지 못한 것을 해결할 수 있다는 의미로 통용되는 관용구다. 주식투자에 이를 적용하면 비슷하면서도 조금은 의미가 달라진다. 시간이 지나면 결국 시장이 해결해준다.

주식투자에서 큰 손실을 보았을 때는 기다려야 한다. 물타기를 해서 평단가를 낮추고 오를 종목만 기가 막히게 골라 단타로 계좌를 회복시킬 자신이 없다면 그저 기다리는 편이 훨씬 낫다. 이것을 뜻하는 속어가 바로 '존버'다.

나는 2019년 1월에 산 삼성중공업과 현대중공업지주를 아직까지 보유하고 있다. 삼성중공업의 평단가는 8,120원인데 2020년 3월에는 3,070원까지 떨어졌었다. 현대중공업지주의 평단가는 35만 2,145원인데 역시 2020년 3월엔 16만 500원까지 내려갔었다.

비트코인에만 존버가 중요한 것이 아니다. 지난 20년을 돌아봐도 6개월이 넘는 폭락장은 단 한 번도 존재하지 않았다. 호흡을 최대한 길게 가져갈 수만 있다면 존버는 언제나 승리한다. 그렇다면 회복하기 힘들 만큼 큰 손실을 입었을 때 '존버'하기 위해서 무엇이 필요할까?

첫째, HTS를 지운다. 계좌 비밀번호를 일부러 다섯 번 틀리고, 접속이 불가능하게 만든다. 모든 주식 관련 어플과 프로그램을 지운다. 주가를 보지 못하도록 네이버를 시작 페이지에서 삭제한다.

둘째, 네이버 증권에서 알림을 설정한다. 묻어놓은 종목이 10% 이상 오르거나 수익이 났을 때만 메시지를 받을 수 있도록 알람을 설정해두는 것이다. 그리고 잊어버린 뒤 일상에 집중한다.

셋째, 차라리 게임을 해라. 그동안 얼마나 회복했을지 혹은 더 떨어졌을지 불안해서 잠이 안 오고 일에 집중할 수 없다면 차라리 다른 것에 몰두하는 것이 좋다. 퇴근해서 손이 근질거리거나 주식 금단 증상이 생겨서 불안해질 땐 차라리 게임을 하면서 주위를 환기시켜라. 공황발작이 일어났을 때 그 공포에서 벗어나기 위해 심호흡을 한다거나 음악을 들으면 불안과 두려움이 다른 곳으로 흩어진다. 이 과정에서 불안은 감소하고, 인지적 왜곡과 과도한 공포심을 다스릴 수 있다. 당신에게 필요한 건 주식에 대한 집착에서 벗어나 회복할 수 있는 시간이다. 그러기 위해서는 웹툰이나 게임 같은 킬링타임용 취미가 큰 도움이 된다. 멘탈이 무너졌을 때는 재도전할수록 실패의 위험이 높아지기에 아무것도 안 하고 쉬는 것이 현명한 투자다.

넷째, 연애나 결혼 같은 인생의 다른 과업에 몰두해라. 주식에 대한 갈망과 금단 증상, 예기 불안 등으로부터 완전히 벗어나기 위해서는 정신을 못 차릴 만큼 바쁘거나 육체적으로 피로한 상태가 좋다. 연애, 결혼, 출산, 육아, 취직이나 공무원 시험에 집중하면 주식을 떠올릴 시간이 없다. 만약 당신이 아이를 가진다면 최소 2년간은 주식에 신경도 쓰지 못할 만큼 피곤하고 바쁜 나날이 이어질 것이다. 부모가 되고, 회사에서 인정받고, 대인관계에 집중하는, 즉 주식이 아니라 자신에게 투자하는 시간을 가져보자. 인생 자체를 하나의 기나긴 장기 투자라 본다면, 자신의 미래가치를 높이는 작업을 해보는 것이다. 혹시 당신이 이미 이런 과정을 졸업한 50, 60대라면 부동산 중개사 자격증이나 어학 공부, 운동과 독서에 몰두해보기 바란다.

다섯째, 기회비용에 대해 고민하지 않는다. 존버의 천적은 기회비용이다. '물린 종목에 묶인 돈을 다른 곳에 투자하면 어찌어찌 돈을 회복할 수 있지 않을까?' 폭등한 종목을 볼 때마다 이런 생각이 들 것이다. 이는 결과론에 빠진 후견 편향일 뿐, 다시 투자를 했을 때 수익을 볼 거라는 보장은 어디에도 없다. 접근 방식을 바꿔 금이나 달러, 채권에 투자한다고 한들, 성공할 가능성 역시 크지 않다. 기본적으로 여유가 없고 초조한 상태라면 어떤 방식으로 투자해도 실패할 수밖에 없다. 주식, 채권, 부동산, 달러의 사이클은 한 번 잘못 들어가면 그야말로 손실의 물레방아를 경험한다. 따라서 이럴 때는 기회비용에 대한 생각은 일절 끊고 후일을 도모해보자. 자신의 실수를 묵묵히 수용하고 감내하면서 그저 기다려보는 것이다.

PART 6

수익률을 끌어올리는 아홉 가지 투자 원칙

팔고 나서 올라도
절대 후회하지 않는다

주식투자에 실패하는 사람들의 공통점 중 하나가 바로 자책이다. 투자자들이 하는 자책은 크게 세 가지다.

"그때 그 주식을 샀어야 했는데."
"그때 그 주식을 사지 말았어야 했는데."
"그 주식을 그때 팔지 말았어야 했는데."

이 중 가장 큰 후회와 패배감을 주는 것은 바로 3번이다. 사람은 자신의 판단이 완전히 틀렸을 때 의외로 순순히 이를 인정한다. 야구에서 콜드게임을 당했거나 축구에서 10대 0으로 졌을 때 이를 아까워할 사람은 없다. 실력의 차이를 인정하고 받아들인다. 하지만 연장전에서 역전패를 당한 경우라면 어떨까? 두고두고 기억에 남아 아쉬움이 남을 것이다.

3번이 바로 그런 경우다. 자신의 판단이 반만 맞은 경우. '어떤 종목을 선택할까'에 대한 첫 번째 판단은 정답이었으나 '언제 팔지'에 대한 두 번째 판단은 틀린 것이다. 비유하자면 운이 나를 스치고 지나간 느낌이랄까? 사두고 긁지 않은 복권을 헐값에 남에게 넘겼는데 1등에 당첨이 된 느낌? 처음부터 아예 복권을 사지 않은 경우라면 차라리 낫겠지만 이 경우는 아마 후회와 자책의 이불 킥으로 잠을 이루지 못할 것이다. 포커에서 패가 별로라고 생각해서 죽었는데 죽지 않고 카드를 계속 받았으면 포카드였다거나 룰렛에서 내 행운의 숫자인 17에 돈을 올인할지 말지를 고민하다 베팅하지 못했는데 실제 17이 나와버린 경우와 비슷하다. 눈이 튀어나올 만큼 아쉽겠지만 실은 하나도 아까워할 필요가 없다.

첫째, 타임머신이 개발되지 않는 한 우리는 절대 과거로 갈 수 없기 때문이며 둘째, 다시 돈을 벌 기회는 얼마든지 있기 때문이다. 사실 내가 팔아버린 주식이 다음 날 급등하는 일은 너무나도 흔하다.

2012년 7월 2일, 나는 엔씨소프트 100주를 샀다. 당시 엔씨소프트는 한 주당 27만 원이었다. 이유는 오직 하나, 이틀 전에 발매한 신작

블레이드&소울이 반드시 성공하리라 믿었고 주당 40만 원이 될 것이라는 기대감 때문이었다. 하지만 기대와는 달리 게임은 혹평 일색이었다. 폭망 게임이며 머지않아 서버가 닫힐 거라는 데 오른 손목을 건다는 글들로 게시판이 도배되었다. 그 뒤로 주가는 폭락했다. 버그 투성이에 밸런스도 문제였고, 무엇보다 게임이 복잡하고 재미가 없었다. 2014년 10월 28일, 나는 2년 가까이 존버하던 이 주식을 주당 13만 원에 팔았다. 문제는 그 다음 날이었다. 10월 29일 엔씨소프트 주식은 8% 급등하여 14만 원을 넘겼고, 한 달 후엔 17만 원, 석 달 후엔 22만 원이 되었다. '딱 하루를 못 참다니… 나 같은 병신이 또 있을까?' 자책을 하게 되었고 마치 트라우마를 겪은 것처럼 엔씨소프트 주식을 멀리하게 되었다. 엔씨소프트와 관련된 뉴스와 리포트는 쳐다보지도 않았으며 심지어 엔씨소프트 게임도 접었다. 게임을 하는 순간마다 내가 한 실수가 떠올랐고 "아, 지금까지 갖고 있었으면…" "주당 10만 원씩이니 1,000만 원 손해를 봤네" "지금 1,000만 원짜리 게임을 하고 있구나" 하는 끊임없는 되새김질로 나를 괴롭혔다.

이런 반복적인 되새김질(Repetitive Regurgitation)은 우울증을 부르는 전조 증상이다. 또한 이것은 전형적인 외상 후 스트레스 장애에서 나오는 과도한 각성과 회피반응으로도 볼 수 있다. 안 좋은 기억을 떠올리게 할 만한 사건의 단서를 애초에 차단하기 위해 엔씨소프트와 관련된 모든 것을 멀리하려 애썼고, 리니지나 아이온, 블레이드&소울이란 이름이 네이버에 뜰 때마다 서둘러 창을 닫았다. 그리고 다시는 엔씨소프트에 투자하지 않았다.

　내가 한 가장 큰 실수는 이것이다. 한 번의 실수와 안 좋은 기억으로 엔씨소프트라는 게임 대장주를 영원히 내 투자 리스트에서 삭제한 점. 자책과 회피를 할 게 아니라 반성과 재투자를 했더라면 나는 두 번째 기회를 놓치지 않았을 것이다. 2014년 12월부터 2021년 현재까지 엔씨소프트는 수없이 폭등했고, 들어갈 기회는 얼마든지 있었다. 증권 리포트 원픽으로 수도 없이 거론될 때마다 나는 쓸개즙이 역류하는 듯한 아쉬움과 고통을 겪어야만 했다. 그날의 아쉬움을 곱씹으며 엔씨소프트가 40만 원, 60만 원을 거쳐 90만 원을 찍는 것을 그저 멍하니 바라보았다.

　2012년의 나는 재무제표 같은 건 전혀 읽을 줄도 몰랐지만 엔씨소프트가 유망한 회사임을 충분히 알고 있었기에 2년간을 버텼다. 반토막이 났으면서도 (정확히는 -52%) 회사의 성장 가능성과 방향성을 확신했기에 견딜 수 있었다. 물론 그 사이에 손절 후 재투자를 하거나 물타기를 했어야 했다. -10%, -15%, -20%, -30% 이 네 번의 기회 동안 그 작업을 수행했더라면 폭락하면서도 손해를 최소화했거나 오히려 수익을 냈을 것이다. 아무것도 몰랐던 나는 불안을 억누르며 언젠간 오르겠지 하며 그저 하염없이 기다릴 뿐이었다.

　문제는 2년 동안이나 지속된 불안감, 공포를 이겨내려는 노력으로 인해 내 정신력이 바닥나고 번아웃이 왔다는 것이다. 주식 창을 볼 때마다 거슬리는 손실액과 압도적인 불쾌감을 더 경험하고 싶지 않았다. 아예 까먹고 있거나 주식 창을 열지 않았더라면 또 몰랐겠으나 당시 삼성SDS의 상장 이슈로 도저히 주식에 관심을 끊기 어려웠다. 삼성과 관련된 모든 주가가 오르는 시기였고, '지금이라도 이 반토막 난 쓰레기 주식을 팔아서 우량주에 투자해야 해'라는 생각에 흔들렸다.

당시의 내가 조금만 더 이성적이었더라면 분기실적과 영업이익률, 채무 변동 등을 확인하고 2년의 암흑기를 지나 이제야말로 주가가 오를 조짐이 보인다는 것을 감지할 수 있었을 것이다. 800일을 넘게 기다린 나는 2014년 10월 28일 그 하루를 못 버티고 불안감에 휩싸여 손절하고야 말았다. 어렴풋이 틀린 판단임을 이미 직감하고 있었으나 그저 편해지고 싶다는 마음에 도망쳤다. 스스로의 실수를 인정하고 싶지 않은 마음에 또 다른 실수를 반복하는 것, 그게 바로 초보 투자자들이 겪는 일이다. 여기까지 글을 읽은 당신에게 물어볼 것이 있다. 내가 했던 가장 큰 실수는 무엇일까?

"2년을 버티다가 하필 그날 엔씨소프트를 판 것이다"라고 답한다면 당신은 나처럼 실수할 가능성이 무척 크다. 지나간 실수에 대해 집착하고, 그 자책감이 다음 투자에 영향을 준다면 당신은 합리적인 투자가 아닌 충동 투자, 감정 투자를 하고 있는 것이다. 내가 바로 그러했다. 한 번의 실패로 '엔씨소프트랑 나는 궁합이 안 맞아'라고 생각했고 이렇게 훌륭한 우량주를 다시는 쳐다보지 않았다. 이 무슨 어리석은 행동인가!

투자에 감정을 섞어서는 안 된다. 종목은 죄가 없다. 엔씨소프트의 잘못이 아니라 무지했던 나의 잘못이다. 어제 나를 배신했던 종목이 미래의 효자가 될 수 있다. 돈을 벌 수 있는 기회를 스스로 날려버리는 것이야말로 비합리적인 일이다. 내가 한 가장 큰 실수는 엔씨소프트를 판 것이 아니라, 팔고 난 뒤 아무것도 하지 않은 것이다. 반성과 수용을 통해 나 자신을 바꾸려 하지 않고 회피한 행동이 여전히 나를 주식 바보로 머물게 만들었다.

정리하자면 내가 한 실수는 세 가지다.

- 첫째, 엔씨소프트가 폭락하는 2년 동안 아무런 대응도 하지 않은 것
- 둘째, 엔씨소프트를 팔고 나서 후회만 한 것
- 셋째, 다시는 엔씨소프트에 투자하지 않은 것

한 번의 실패를 교훈 삼아 나 자신을 재정비하고 다시 냉정하게 재투자에 임했더라면 아마 나는 지금쯤 엔씨소프트를 무척 사랑하고 있었을 것이다. 2014년 말부터 2019년 말까지 주가가 300% 넘게 뛰는 동안 나는 단 한 번도 엔씨소프트에 투자하지 않았다. 2020년 3월 코로나 패닉으로 모든 종목이 저점을 찍었을 때 소량 매수를 했을 뿐이었다. 당시 한 주당 50만 원에 딱 20주를 샀는데 심지어 그때조차 넷마블의 비중이 훨씬 컸다. 더구나 한 달 후 엔씨소프트를 주당 65만 원에 몽땅 팔아버렸다. 그때는 1400까지 내려갔던 코스피가 반등해 폭

등 중이었고 모든 종목이 다 오르고 있었음에도 말이다. 당시 20개가 넘는 종목을 보유 중이었는데 그중 엔씨소프트를 가장 먼저 정리했다. 2020년 4월의 나는 매일 주식 공부를 했고, 재무제표도 볼 줄 알았으며 인내심과 자제력 등 모든 면에서 2014년과는 비교되지 않을 만큼 준비된 투자자였다. 그런데도 엔씨소프트를 가장 빨리 던지고 싶은 강박적 회피 욕구에 사로잡혔다. 그만큼 자책이란 감정은 강하고 무섭다.

만약 이 글을 읽은 당신이 '엔씨소프트를 2014년에 안 팔고 지금까지 갖고 있었으면 90만 원이잖아?'라고 생각했다면 바로 그 생각을 당장 바꿔야 한다. 가정은 아무 의미가 없으며 실수는 누구나 할 수 있다. 아니, 애초에 팔고 나서 오르는 것을 실수라고 여겨서는 안 된다. <u>그것은 실수가 아니라 기록이다.</u> 새로운 깨우침을 얻을 수 있는 기회이자 교훈이다. 진짜 현명한 투자자는 오늘 오전에 10만 원에 매도한 주식이 점심 때 폭등해도 아쉬워하지 않는다. 이 추세가 언제까지 이어질지 냉정하게 분석한 뒤 매도한 당일, 12만 원에 다시 산다. 15만 원이 될 거라 믿기 때문이다.

11만 원 혹은 10만 원으로 다시 떨어지면 어떻게 하냐고? 현명한 투자자라면 11만 원일 때 그 상황에 맞는 해결책을 다시 찾아낼 것이다. 그들은 매순간 최선의 고민을 하고자 노력할 뿐, 결과에 연연해하지 않는다. 자신의 판단과 방향성을 믿기 때문이다. 불안과 주저함으로 인해 고민만 하다가 기회를 놓치는 것을 안타깝게 여길 뿐, 더 큰 이익을 얻지 못한 것에 아쉬워하지 않는다. 시간과 정신력 낭비라는 것을 잘 알기 때문이다. 그들의 눈은 항상 다음 기회를 주시한다. 자책과 집착, 과거에 사로잡혀 내일의 기회를 찾는 눈이 흐려진다면 당신은 내년에도, 몇 년 후에도 여전히 실패한 투자자로 남아 있을 것이다.

차트에서
꼭 확인해야 할 세 가지

아무리 게으른 초보자라도 소중한 돈을 투자할 요량이라면 차트의 기초는 볼 줄 알아야 한다. 운이나 촉, 감정적인 부분에 휘둘리는 부분이 제로에 수렴할 수는 없겠으나 기본적으로 투자는 객관적인 이성의 영역이다.

차트에서 꼭 체크해야 할 데이터 세 가지는 봉, 이동평균선, 거래량이다. 봉은 시가와 종가, 고가와 저가로 구성되며 우리는 이것을 보고 오늘 주가가 얼마나 요동쳤는지 움직임, 매도세, 매수세를 확인한다. 이동평균선이 흔히 말하는 '이평선'으로 5일, 20일, 60일을 흔하게 사용한다. 5일 이평선은 지난 5일간의 종가 평균값을 이어서 만든 선이다. 5일 이평선은 지난 일주일, 20일은 지난 한 달, 60일 이동평균선은 지난 3개월간 주가가 어떤 추세로 움직였는지를 나타낸다. 거래량은 그날 거래된 매수와 매도된 양의 합, 총 체결량을 말한다.

이 세 가지 요소를 조합하고 응용하면 주가에 대한 다양한 전망을 할 수 있다. 토론방에서 나오는 장대양봉이니, 음봉이니, 거래량이 폭발했다느니 하는 말들도 이해할 수 있다. 거래대금같은 숫자들과 이동평균선을 분석하면 향후 주가의 단기적인 상승과 하락을 어느 정도 예상할 수 있다. 즉, 데이터를 기초로 해서 가설을 세우는 것이다.

예를 들어 2021년 1월 27일 펄어비스 주식을 기준으로 생각해보자. 1월 26일 종가는 28만 3,000원, 거래량은 6만 7,333이었다. 1월 27일 주가는 31만 5,800원으로 전일 대비 11% 급등했고 거래량은 17만 2,620으로 2.5배로 늘었다. 흔히 말하는 장대양봉에 거래량이 터진 날이다.

HTS에 미리 조건 설정을 해둔 경우라면 이날 펄어비스가 조회 창 상단에 떴을 것이다. 하지만 급등했다고 해서 감정적으로 추격 매수를 해서는 안 된다. 기회를 놓칠까봐 초조해져서 달려들면 실패할 수밖에 없다. 거래량이 많다는 것은 매도세 역시 만만치 않다는 뜻이며, 단기 급등에는 언제나 차익 실현 매물이 따른다.

추가 상승 여력이 있는지를 확인하는 것이 중요하다. 데이터를 보고 투자하는 사람들은 섣불리 매수 주문을 하지 않고 이동평균선을 확인한다. 5일선은 28만 3,000원, 20일선 26만 8,000원, 60일선 24만

펄어비스 주가 차트

원으로, 아주 순조롭게 오르고 있다.

　이 정도면 28일 이후에도 추가적으로 우상향 곡선을 그릴 수 있는 아주 좋은 차트다. 자, 일봉과 거래량, 이평선을 모두 확인했으니 그럼 이제 매수해도 되는 것인가? 아직 아니다. 이제 재무제표를 확인해야 한다.

　펄어비스의 최근 영업이익률을 보면 4분기 연속 30%를 넘었으며 부채비율도 해가 갈수록 무척 안정적이다. 다만 최근 분기에서 PER이 높아진 것이 좀 마음에 걸린다. 지금 주가가 고평가된 것은 아닐까?

펄어비스 재무제표

주요재무정보	최근 연간 실적				최근 분기 실적				
	2017.12	2018.12	2019.12	2020.12(E)	2019.09	2019.12	2020.03	2020.06	2020.09	2020.12(E)
	IFRS 연결	IFRS 연결	IFRS 연결	IFRS 연결	IFRS 연결	IFRS 연결	IFRS 연결	IFRS 연결	IFRS 연결	IFRS 연결
매출액(억원)	524	4,048	5,359	5,042	1,344	1,166	1,332	1,317	1,183	1,148
영업이익(억원)	217	1,681	1,506	1,767	395	360	462	506	405	387
당기순이익(억원)	147	1,464	1,577	1,322	438	481	483	236	278	277
영업이익률(%)	41.34	41.53	28.10	35.05	29.43	30.84	34.70	38.40	34.27	33.75
순이익률(%)	28.12	36.18	29.42	26.21	32.62	41.24	36.29	17.95	23.47	24.12
ROE(%)	8.33	42.87	31.62	20.25	26.43	31.62	35.33	28.14	23.86	
부채비율(%)	7.87	74.63	47.26		65.02	47.26	45.09	47.53	43.58	
당좌비율(%)	1,416.58	304.61	357.02		295.59	357.02	373.31	370.00	421.92	
유보율(%)	4,419.32	6,547.13	9,049.60		8,310.96	9,049.60	9,776.23	10,144.51	10,569.15	
EPS(원)	1,293	11,591	12,120	10,114	3,366	3,693	3,707	1,806	2,123	2,268
PER(배)	191.47	17.94	15.28	39.75	20.68	15.28	12.15	17.35	17.86	177.27
BPS(원)	24,533	33,927	48,472	59,528	44,847	48,472	53,438	55,021	56,849	59,528
PBR(배)	10.09	6.13	3.82	6.75	4.42	3.82	3.35	3.96	3.56	6.75
주당배당금(원)				-						
시가배당율(%)				-						
배당성향(%)	-	-	-							

    동종업계의 1, 2위인 엔씨소프트, 넷마블과 비교해보자. 펄어비스의 현재 추정 PER은 39.75, 엔씨소프트는 33.67, 넷마블은 42.97이다. 이 정도면 게임섹터가 최근 많은 관심을 받고 있는 것으로 앞으로도 충분히 추가 상승 여력이 있다는 가설을 세울 수 있다.

    여기까지의 과정을 거친 후 나는 1월 27일 펄어비스 주식을 매입했다. 당연히 분할매수를 했으며 27, 28, 29일에 각각 10주씩 30주를 매수했다. 그리고 며칠 지난 2월 5일 다시 주가를 확인했을 때 펄어비스의 주가는 40만 2,000원으로 급등해 있었다. 공부한 보람이 있었던 것이다!

펄어비스의 평단가는 32만 원으로 나는 일주일 만에 25%의 수익을 올렸다. 사실 매수 시점에는 장기 투자를 계획했으나 너무 급격한 단기 급등에는 주의가 필요하기에 이날 절반을 매도하고 이익을 실현했다.

물론 데이터 투자가 항상 좋은 결과로 나타나는 것은 아니다. 모든 데이터와 실적을 확인하고 엄선해서 고른 종목이 초보자의 감정 투자, 묻지마 투자보다 더 적은 수익을 볼 때도 있다. 주식 공부를 3년째 하고 있는 남편의 투자 성적이, 냉장고가 예쁘다는 이유만으로 삼성전자에 올인한 아내보다 훨씬 못하다는 농담 같은 사례가 실제로도 주변에 흔하다.

하지만 그래도 항상 데이터를 기본으로 투자해야 한다. 감정은 불안정하고 예측 불가능한 변수지만, 데이터는 언제나 객관적이고 중립적이다. 숫자는 개개인의 선입관에 따라 달라지지 않으며 합리적이고 안정적이다.

이 데이터들을 어디서 볼 수 있냐고? 네이버 증권에서 전부 제공한다. 봉, 이동평균선, 거래량의 세 가지 데이터를 참고하고 고민하는 데는 10분이면 충분하다. 최소한 여기까지는 하고 난 뒤에 운이나 시장의 흐름에 맡겨야 하는 것이다. 10분도 투자하지 않고 운, 타인이 준 정보에 모든 걸 맡긴 채 주식투자를 사람들을 보면 너무 안타깝다. 초보인 우리가 데이터 투자자로 향하는 첫 번째 시작은 '10분 습관'이다.

일반인도 가능한
리스크 분석

먼저, 거래량을 확인하자. 주가가 오를지 내릴지는 세력의 의중에 달린 일이라고 해도 차트에서 유일하게 차곡차곡 쌓이는 숫자가 있다. 바로 거래량이다. 내가 처음 주식을 시작했을 때 거래량이 많아지면 무조건 주가가 오를 거라 생각했다. 매매가 활발해진다는 건 이 주식에 관심이 있다는 뜻이니까. 그래서 조정장세가 와도 매도하지 않고 보유하거나 물타기를 했다.

하지만 주가가 조정될 때 예를 들어 오늘 시초가 대비 -3%쯤 빠졌을 때 잠잠하던 거래량이 갑자기 증가할 경우, 이는 폭락의 신호다. 이럴 땐 과감히 손절해야 한다. 반대로 주가가 폭등하고 있을 때는 오히려 거래량이 줄어들어야 안정적이다. 오늘 오전에 20% 이상 오른 종목이 점심 이후에도 거래량이 폭증하고 있다면 오후에는 주가가 심하게 흔들릴 수 있고 하락 가능성이 꽤 높다고 봐야 한다. 극단적으로 오늘 상한가를 친 주식의 거래량이 거의 없다면 내일도 연상을 칠 가능성이 제법 크고, 거래량이 급격히 높아진다면 하락 전환의 신호다.

<u>외국인 비중을 확인하자.</u> 초보와 외국인의 투자 성적을 비교하면 열에 아홉은 외국인이 낫다. 따라서 외국인이 급격히 매도하는 주식은 다시 생각해보는 것이 좋다. 종목의 종합정보의 외국계 추정합을 보면 아주 친절하게 오늘 외국인이 얼마를 샀고 얼마를 팔았는지 확인할 수 있다. 모건스탠리, 골드만삭스, CLSA 등 앞으로 아주 친숙해져야 하는 이름이다. 투자자별 매매동향에 들어가 외국인 세력이 몇 거래일 연속으로 이 종목을 매집하고 있는지, 전체 외국인 비중이 얼마인지 확인하도록 하자. 외국인 비중이 40%를 넘으면 아주 우량주다. 참고로 삼성전자는 55%, 엔씨소프트는 50% 정도다. 외국인 비중이 두 달 이상 우상향을 그리고, 최근에도 계속 매수세가 이어진다면 주가는 희망적이라고 봐도 좋다. 반대로 5거래일 연속으로 외국인이 팔아치우거나 비중이 줄고 있다면 매도를 고려해볼 수 있다.

<u>20일 이평선을 보자.</u> 초보들의 집단 지성이 만든 불문율 같은 것으로 '20일 이평선이 무너지면 손절해야 한다'라는 팁이 있다. 확실한 원칙은 아니지만 귀납적 경험으로 신뢰도가 높다고 증명된 가설이니 참

고하자.

오전 9~10시는 고수들의 시간이다. 장이 열리고 나서 1시간은 변동성이 가장 큰 시간이다. 데이트레이더, 스캘퍼(하루에도 수십, 수백 번 매매하는 초단타쟁이)가 가장 많이 활동하는 시간으로 주가가 심하게 흔들린다. 장 개시 전에 매도 물량을 엄청나게 쌓아뒀다가 예상 시초가를 확 끌어내린 후 겁먹은 개미들로 하여금 낮은 가격에 매도하게끔 조작하는 방식, 이른바 '개미털기'로 물량을 매집하는 경우도 많다. 어느 정도 내공이 있는 사람이 아니라면 사실 장초 1시간에는 그냥 관망한 뒤 의사 결정을 하는 것이 좋다.

실적 발표일과 증권 리포트를 확인하자. 어닝 서프라이즈 때 항상 주가가 오르는 것은 아니지만, 기본적으로 이번 분기 실적이 좋거나 흑자 전환을 했을 경우 목표 주가가 더 높아진다. 어닝 서프라이즈 당일에 주가가 강보합이거나 오를 확률이 60% 정도라면 어닝 쇼크 때 주가가 내릴 확률은 거의 90% 정도다. 악재보다는 호재가 미리 반영되는 부분이 많기 때문이다. 따라서 악재에는 더 기민하게 반응해야 한다. 내가 가진 종목의 분기 실적발표일이 1월 말 정도라면 전문가들의 리포트와 예상 실적을 미리 파악해두는 것이 좋다.

배당락일엔 주가가 떨어질 수밖에 없다. 연말에 배당주는 배당락일 기점으로 다음 날 주가가 폭락하는 경우가 많다. 12월 28일이 배당금 기준일이라면 다음 날 아침 매도 물량이 쏟아진다. 특히 고배당주일수록 폭락하는 성향이 있기에 작년과 재작년 배당금은 몇 %였고,

이후 주가 하락은 얼마였는지 수지타산을 미리 계산해놓을 필요가 있다. 참고로 대표적인 고배당주인 현대중공업지주인 경우 2019년과 2020년 배당락 후 주가가 배당기준일 대비 25% 넘게 떨어졌다. 6%가 넘는 고배당을 줬지만, 12월 29일 당일에만 8% 가까이 폭락했고, 이후로도 워낙 하락폭이 커서 차라리 배당기준일에 팔고 재투자하는 편이 나았다.

<u>네이버 투자 의견을 활용하자.</u> 종목별로 있는 네이버 투자 의견이 중립이거나, N/A(No Account)일 경우, 초보자들은 웬만하면 매수하지 않는 것을 추천한다. 자신이 없을 땐 다수의 의견을 따라야 한다. 투자 의견지수가 3.8을 넘는 주식을 선호하는 습관을 들이자. 이미 보유한 종목의 투자 의견이 중립 혹은 매도로 바뀌거나 지수가 3.4 아래로 떨어질 때는 어지간하면 매도하는 것을 권한다.

어차피 초보들은 봉의 형태나 복잡한 차트의 추세 같은 건 알 수도 없으며, 의미도 없다. 이중 바닥형이니 역 쌍봉형이니 하는 그래프의 모양은 다 결과론일 뿐이며 초보자들에겐 있어도 쓰지 못하는 무기들이다. 우리가 실제로 써먹을 수 있는 최소한이라도 숙지하고 투자에 임하자. 전쟁에 나갈 때는 나무 작대기 하나라도 들고 있는 것이 맨손보다 훨씬 낫다.

달러, 금, 안전자산과 주식의 비중

주식투자 꽤나 해보신 분들이라면, 누구나 한 번쯤 들었을 말이 있다. "자기만의 포트폴리오를 만들어라." 초보자 시절에는 그저 모든 것이 어렵고 막막해서 포트폴리오를 그려볼 엄두조차 내지 못할 것이다. 하지만 언제나 실천이 가장 중요하다. 시행착오를 거치면서 실력이 느는 것이다. 자신이 없을 땐 우선 고수들의 포트폴리오를 그대로 베끼는 것이 좋은 방법일 수도 있다. 주식투자에서 모방은 고수에 대한 예의이자 존중이다. 고수들의 포트폴리오에는 오랜 시간 숙성된 그들의 고민과 시행착오, 귀중한 지식과 경험들이 녹아 있다. 개인적으로

20년 투자 경력을 가진 고수의 투자 포트폴리오

대분류	중분류	소분류	종목	목표비중
2021 포트폴리오				
주식	한국	대형주	삼성전자, 삼성바이오로직스, 현대자동차, LG생활건강, 카카오, 네이버, LG화학, 삼성SDI, SK이노베이션	22%
		중형주	JW중외제약, 남선알미늄, 녹십자홀딩스	5%
		은행증권	KB금융, 한화투자증권	4%
		건설	현대건설, 대우건설	4%
		기타	강원랜드, 서울옥션	3%
		지수	KODEX200, 레버리지&인버스 투자	7%
	미국	테크주	애플, 페이스북, 엔비디아, 테슬라	7%
		친환경	Plug power, Enphase energy, Merdian energy, Ormat tech	4%
		택트주	Delta Airlines, Southwest, Marriott international	2%
		리오프닝	Six flags, MGM resort	2%
			60%	
대체 투자	원자재	금	TIGER 골드선물(H), KODEX골드선물(H)	3%
		원유	KODEX WTI 원유선물(H), 삼성 레버리지 WTI 원유선물 ETN	2%
		구리	KODEX 구리선물(H)	1%
	ETF		TIGER KRX BBIG K-뉴딜, KB중국본토A주, ARK INNOVATION ETF, ARIRANG 미국나스닥기술주	14%
			20%	
채권	한국	중기	KODEX 국채선물10년, KOSEF 국고채10년 레버리지	7%
	신흥국	중기	ELMC or EBND	6%
	미국	장기	미국 제로쿠폰 Vanguard Extended Duration Treasury ETF (EDV)	7%
			20%	

생각할 때 기본과 균형의 훌륭한 조화, 마블링이 돋보이는 포트폴리오 하나를 추천한다.

20년 투자 경력을 가진 지인(현재 자영업을 하고 있으며, 전공은 경제와 무관하고, 전업투자를 1년 정도 하고 다시 본업으로 돌아옴)의 포트폴리오는 슬쩍 봐도 엄청난 내공과 숙고의 흔적이 보인다. 물론 전문 애널리스트들이 쓰는 수십 장짜리 포트폴리오는 또 다른 레벨이겠으나 그 수십 장짜리 문서는 초보자의 눈에 제대로 들어오지 않는다. 초보들이 그 레벨에 도달하려면 적어도 주식 관련 책 30권 정도는 읽고 3년 이상은 공부해야 한다. 그럴 수만 있다면 얼마나 좋겠냐만 이 책을 읽는 많은 초보들에게 지금 당장 그 수준을 요구할 수는 없다. 우리는 적어도 이 포트폴리오를 보면서 다음의 것들을 느껴보자.

- 대분류, 중분류, 소분류로 나눠서 포트폴리오를 짜야 한다.
- 관심 종목에 눈을 돌리지 마라. 당신은 아직 그 단계가 아니다.
- 2021년 투자 방향을 어디로 맞출 것인가? 안전형인가, 공격형인가?

이 세 가지를 고려하면서 자신만의 포트폴리오를 그려보자. "귀찮은데 반드시 포트폴리오를 그려야 하나요?"라는 질문이 나올 수 있다. 괜찮다. 원래 투자는 잃으면서 배우는 것이다. 3,000만 원쯤 손실을 보면 자연스럽게 포트폴리오를 그려야겠다는 생각이 들 것이다.

우선 자신의 주식 계좌를 모니터 한쪽에 띄워놓거나 인쇄한 뒤에 차분히 엑셀 테이블을 채워보자. 나 같은 경우 현재 채권이나 달러는 갖고 있지 않고, 한국주식과 미국주식, 코스피 레버리지와 인버스, ETF, 금과 은, 농산물 펀드에 자산을 분산투자하고 있다. 이 경우 대분류를 대략적으로 나누면 아래 투자 포트폴리오 표와 같다.

내가 가진 주식이 대형주인지, 소형주인지, 섹터는 어디에 해당하는지 확인해보자. 종목과 지수의 비율, 한국주식과 미국주식의 비중, ETF나 원자재는 배제하고 주식에만 올인하고 있는 것은 아닌지 평가해보는 것이다.

처음부터 구체적이고 완벽한 그림을 욕심내서는 안 된다. 초기 단계에선 포트폴리오라고 부르기도 민망할 정도로 듬성듬성하고 빈틈이 많을 것이다. 하지만 빈칸과 허점들을 인정하고 채워나가야 한다.

슬기로운 투자자가 되는 첫걸음은 정확한 진단이다. 다시 말하지만

투자 포트폴리오 예시

대분류	중분류	소분류	종목	비중
주식	한국	대형주	삼성전자, 카카오 등	
	미국	테크주	애플, 엔비디아	
	기타	지수	KODEX 인버스, KODEX 레버리지	
대체투자	ETF	한국	KODEX 삼성그룹	
		미국	ARK GENOMIC REVOLUTION	
	원자재	금	KRX 금 현물, TIGER골드선물(H) 등	
		은	KODEX 은선물(H)	
		농산물	KODEX 3대 농산물(H) 등	

종목이 아니라 구조에 집중하자. 당신은 머릿속으로 현재 투자 자산의 포트폴리오를 그려낼 수 있는가? 매수 주문 버튼을 누르기에 앞서 항상 현재 비중과 균형, 섹터와 종목의 상관관계를 반영하는 습관을 들이고 있는가? 억지로 노력해서가 아니라 수많은 반복과 시행착오를 거쳐 당신의 포트폴리오를 자연스럽게 떠올릴 수 있다면, 비로소 당신이 초보자를 벗어났다는 증거다.

예금, 채권, 부동산, 주식에 투자할 타이밍

부자들은 항상 좋은 흐름을 탄다. 주식으로 어느 정도 수익을 얻으면 다시 예금이나 적금으로 돈을 옮겨 현금을 보유하고 얼마 후 집값이 주춤해질 때 과감히 부동산에 투자한다. 초보들은 "대체 언제, 어디에 투자를 해야 돼?"하며 타이밍을 항상 헷갈리고 번번이 흐름을 놓친다. 그 이유는 크게 두 가지다. 하나는 여유 자산이 충분치 못해 심리적으로 쫓기기 때문이고 두 번째는 예금, 채권, 부동산, 주식의 순환 구조를 이해하지 못해서다.

자산에 여유가 없는 것이라면 어쩔 수 없지만, 네 가지 경제 순환 구조는 초보라도 아주 쉽게 배울 수 있으므로 두 번째 이유는 극복 가능하다. 전설적인 투자자이자 구루였던 앙드레 코스톨라니의 달걀 모형을 이해하면 된다.

우선 A에서 D로 가는 그림의 오른쪽은 금리가 정점을 찍고 바닥으로 내려오는, 즉 버블이 꺼져가는 시기를 말한다. 주가도 박스권에 갇히거나 우하향 곡선을 보이며 경기가 침체하고 불황이 온다. 호황기를 막 지나 A에서 B로 가는 이 시점, 부자들은 '금리가 높아진다 = 돈이 묶인다'는 것을 알기에 돈을 인출해서 안전자산인 채권이나 금, 달러에 투자한다. 서서히 금리가 떨어지면(C 지점) 시장은 공포에 빠진다. 주식 거래량이 줄고, 매수자보다 매도자가 많아진다. 부동산도 급매가 나오기 시작한다. 이때 부자들은 채권, 금, 달러를 팔아서 부동산

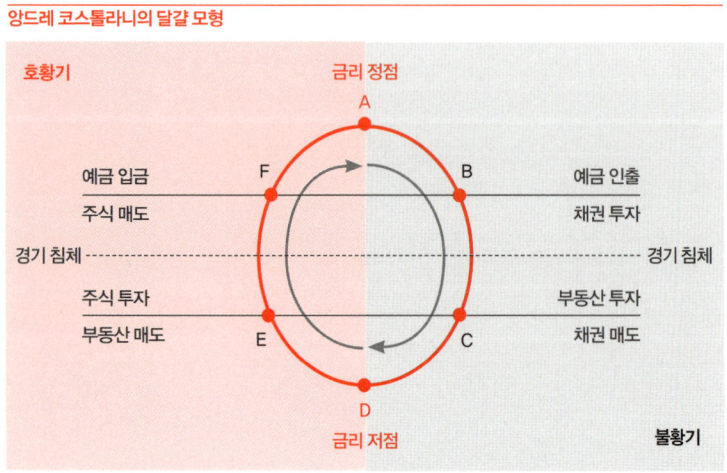

을 산다. 흔히들 말하는 '줍줍'이다. 그러는 사이 초보자들은 돈을 잃고 경기는 불황이 이어지며 정부에서는 침체를 벗어나기 위해 부양책으로 금리를 계속 낮춘다. 드디어 D 지점에 오면 금리가 매우 낮아지고 이제부터는 시장에 돈이 마구 풀리게 된다. 인플레이션이 시작되는 시점으로 집값은 마구 오른다. 부자들은 C 지점에서 산 부동산을 E 지점에서 팔아 시세 차익을 남긴다.

초보자들은 부자들이 이때 매물로 내놓은 부동산을 살 수 있을까? 어림도 없다. 제로금리로 대출이자 부담이 낮아진 만큼 레버리지로 최대한 영끌했지만 집 사기엔 턱없이 부족하다. 그렇다면 그 돈은 어디로 갈까? 주식이다. 따라서 바로 D와 E의 중간 지점이 주식에 투자할 최적기다. E에서 F로 가는 이 시점에서는 불황에 대한 공포와 불확실성이 어느 정도 해소되고 주가도 서서히 오른다.

F 지점을 지나가기 전에 부자들은 한발 앞서 주식을 매도한다. 너도나도 주식에 돈이 몰려 과열이 되고 그야말로 소, 닭, 개미들이 전부 다 주식을 하는 시점이 오면, 버블이 터지기 직전이란 것을 그들은 알고 있다. 주가가 정점을 찍기 전에 과도한 욕심을 부리지 않고 주식을 정리한 뒤 현금을 확보한다. 이제 곧 닥칠 불황을 대비하기 위함이다.

부자들은 이렇게 A에서 F까지를 선순환하지만, 초보들은 항상 뒷북을 치거나 심지어는 역행한다. 채권을 사야 할 B 지점에서 주식을 과도하게 산다거나 집을 사야 될 시점에 팔아버린다. 2016년에 강남 아파트를 팔아서 주식을 하거나 2020년 8월 금값이 폭등하자 주식을 전부 다 팔아서 금을 사고선 후회한다. 순환을 이해하지 못해 손실의 물레방아를 타는 슬픈 사례들이다.

물론 부자와 고수들이라고 해서 타이밍을 완벽하게 잴 수는 없다. 2021년 3월, 코스피 3000~3100을 횡보했던 시기도 추가 상승 여력이 있는 E와 F의 중간 지점이냐 혹은 팔고 현금을 보유해야 하는 시점(F→A)이냐에 대해서 전문가들도 의견이 분분하게 갈렸다.

하지만 적어도 부자들은 E와 F의 시점을 고민하지, 초보들처럼 B와 E 혹은 C와 F를 헷갈려 하지 않는다. 선순환의 흐름에 완벽하게 올라타지 못하더라도 여유와 경험치, 자신감을 가지고 대응하다 보면 대세의 물결을 어렵지 않게 따라잡을 수 있다.

물론 달걀 모형 이론으로 시장을 완벽하게 예측할 수는 없다. 특히 2021년에는 전혀 예상치 못한 변수가 더 늘어났는데 비트코인을 필두로 한 가상화폐의 등장이 결정적이었다. 부동산을 사야 할 시점에 사람들은 비트코인에 올인했고, 금값이 올라야 할 타이밍에 돈이 알트코인에 몰렸다. 이와 같은 사건이 연이어 발생하자, 달걀 모형 이론이 더 이상 의미가 없어졌다며 무용론을 주장하는 사람들도 나타났다. 가상화폐라는 새로운 축을 포함시킨 펜타곤 모형 이론으로 새로 업데이트되어야 한다는 주장이다. 하지만 수백 년의 역사를 가진 예금, 채권, 부동산, 주식이라는 네 개의 축에 비해 가상화폐는 자산으로서의 역사가 너무 짧고, 변동성이 극심하다. 세계 경제를 움직이는 하나의 축으로서 인정받기에는 아직 안정성이 너무나 부족하고 다양한 형태의 추가 검증이 필요하다는 의견이 지배적이다. 따라서 2021년에도 이 달걀 모형 이론은 경제를 공부하고 시장의 흐름을 이해하는 기본으로서 여전한 가치를 지닌다.

초보자들은 묻는다. "어떤 종목을 사야 하나요?" "언제 들어가야 하나요?" 여기서부터 우리는 한참 뒤처지는 것이다. 부자들은 조용히 초보자들의 움직임, 개미들의 매수세를 주시한다. 그리고 이미 올라탄 경제 버스의 핸들을 조정하며 흐름을 느낀다.

눈앞에 버스가 왔다고 해서 무작정 서둘러 올라타면 안 된다. 당신이 초보자일수록 항상 고민하고 앞을 내다볼 줄 알아야 한다. 사람이 얼마나 탔는지, 남은 좌석이 있는지, 저 버스가 순행인지 역행인지, 어디를 향해 가는지 말이다.

손절에 능해야 고수가 된다

초보자들은 워런 버핏의 격언 "절대 돈을 잃지 마라"를 "절대 손절하지 마라"로 잘못 이해한다. 절대 잃지 말라는 건 손실이 났을 때 절대 팔지 말라는 얘기 아니야? 나에게도 이렇게 순진무구했던 시절이 있었다.

주식이란 건 회사가 망하지 않는 한 언젠가는 오르기 마련이라고 생각했다. 하지만 꼭 기억해두기를 바란다. 손절을 아까워하다 반토막 난다. 그리고 회사는 의외로 쉽게 망한다. 2011부터 10년째 주식투자를 하면서 130개 정도의 종목에 투자했고, 그 종목들은 폭등하거나 합병되거나 상장폐지되었다. 아무리 기다려도 오르지 않는 주식은 분명 있으며 4분의 1 토막은 물론, 10분의 1 토막도 부지기수다. 불행히도 초보자들은 그 종목의 역사적 고점에 물리는 경우가 많다. 유통기한이 한참 지난 정보와 찌라시에 현혹돼 이미 반영될 대로 된 종목의 상투를 잡기 때문이다.

앞에서도 말했지만, 투자자에게 가장 중요한 것은 돈을 벌 수 있는 기회를 놓치지 않아야 한다는 점이다. 그러기 위한 전제조건은 '돈이 묶이면 안 된다'다.

2011년 9월 6일, 당시 나는 대한항공과 기아차에 8,000만 원 정도를 투자하고 있었는데 수익률은 -11% 정도였다. 당연히 무척 아까웠지만 손절했다. 왜냐고? 같은 날 삼성전자가 72만 원까지 떨어졌기 때문이다(액면분할 전 가격). 주식을 처음 시작하는 나조차도, 그 당시엔 가진 돈을 박박 긁어 삼성전자를 전부 매수해야 한다는 촉이 왔다. 지금 돈이 묶이면 위험하다, 이 기회를 놓치면 더 큰 후회를 하게 되리란 것을 직감한 것이다. 과감하게 모든 종목들을 손절해서 삼성전자에 올인한 결과는 대성공이었다. 대출을 받아서 더 투자하지 않은 게 아쉬울 뿐이다. 2011년 12월 나는 삼성전자를 주당 106만 원에 절반을 팔았고 2012년 1월, 110만 원에 나머지를 팔고 나서 난생 처음 50%가 넘는 수익률을 달성했다. 조금만 더 현명했더라면 죽어도 삼성전자를 팔지는 않았겠지만.

흔히들 "주식은 손절의 미학"이란 말을 많이 한다. 손절은 고집을 버리고 실수를 받아들이는 작업이다. 합리적이고 자존감이 높은 고수일수록 손절에 능하다. 실수를 인정하지 않고 고집을 부리다가는 마이너스 잔고로 화답할 뿐이다. 초보자들에게 손절이 어려운 이유는 무엇일까? 그들은 항상 본전에 집착하고, 팔고 나서 주식이 오르는 게 너무 두렵기 때문이다.

비단 주식투자뿐만이 아니다. 우리는 인생에서 피해를 최소화, 이익을 극대화해야 하는데 고수들은 이에 능하다. 초보들은 어떨까? 손절해야 할 주식을 붙잡고 늘어져서 피해를 극대화하고, 계속 보유해야 할 우량주를 5~10% 이익만 보고 매도한다. 스스로를 안정형 투자자라고 생각하겠지만 이것은 투자가 아니다. 그저 불안을 조절하지 못하고 위험을 회피하는 것뿐이다. 즉, 투자 자체를 두려워하는 사람이라고 볼 수 있다. 이런 성향의 사람이라면 애초에 주식투자와 어울리지 않는다는 사실을 빨리 깨달아야 한다.

폭락이나 하락의 시그널이 깜박일 때, 초보자들은 "어? 어?" 하면서 탈출 기회를 놓친다. 반토막이 나도 실수를 인정하지 않고 경기 탓, 종목 탓을 한다. 건실한 우량주는 웬만해서는 절대 하루에 10% 이상 떨어지지 않는다. 또한 하락장에서도 몇 번의 기술적 반등이 있어 손절 혹은 물타기 등 의사결정의 기회를 여러 번 제공한다. 주식이 떨어질 때 안절부절못하고 한숨만 쉬는 사람은 오직 초보들뿐이다. 고수들은 떨어지는 칼날 속에서도 피해를 최소화하면서 챙길 것을 다 챙긴다. 그들은 몇 퍼센트 혹은 몇십 퍼센트의 손실도 두려워하지 않는다. 오직 돈이 묶인 채로 새로운 기회를 박탈당하거나 다른 결정을 내릴 여지도 없이 무기력해지는 것을 가장 싫어한다. 우리에게 수익을 가져다줄 종목은 무수히 많다. 매몰비용의 함정에 빠지지 말고 손해보고 있는 종목이라면 빨리 정리하는 것이 맞다. 어차피 될 놈은 되고 안될 놈은 안되기 때문이다. 돈이 묶여 시간과 기회비용을 낭비하지 말고 한시라도 빨리 될 만한 종목으로 갈아타야 한다. 물론 쉬운 일은 아니다. 누가 돈 잃는 것을 좋아하겠는가? 하지만 이성적이고 합리적인 사람일수록 손실의 쓰라림을 재빨리 극복하고 다음 번 기회에 집중한다.

만약 내가 2011년 9월, 손실이 아까운 나머지 대한항공과 기아차를 계속 보유했다면 어땠을까?

	대한항공	기아차
2011년 9월 6일 기준	5만 4,900원	6만 7,200원
2021년 3월 23일 기준	2만 7,300원	8만 5,000원

10년 동안 대한항공은 오히려 반토막이 났으며 기아차는 26% 정도 올랐다. 초보들은 '그래도 기아차는 올랐네!'라고 생각하겠지만 결코 그렇지 않다. 10년간의 물가 상승률과 화폐 가치, 기회비용을 따지면 기아차 역시 오히려 떨어졌다고 보는 것이 맞다. 8,000만 원이란 돈이 10년 동안 아무 소득 없이 묶인 것이다. 날려버린 기회와 시간을 돈으로 환산하자면 손실액을 가늠조차 어렵다.

반대로 10년간 삼성전자 주가는 어떻게 바뀌었는가? 갤럭시 S2를 시작으로 갤럭시 S21이 나왔고 주가는 다섯 배 넘게 뛰었다. 만약 중간에 이익실현을 하지 않고 10년 동안 묻어두었다면 3억 6,000만 원 이상을 벌었을 것이다. 물론 이것은 모두 결과론이며 가정에 불과하다. 실제로 내가 10년 동안 삼성전자 주식을 한 번도 팔지 않고 보유했다면 이 책의 주제는 '10년 장기 투자, 고수의 노하우, 구로동 주식 귀재'였을 것이다.

<u>손절을 통해 우리가 얻을 수 있는 것은 시간과 재투자 기회다.</u> 매몰비용의 함정에 빠지지 않고 용감하게 다음 기회를 찾아나서야 한다. 초보들은 변명이나 가정을 하면서 현실을 외면하고, 다음에도 손절 타이밍을 놓친다. 고수들은 절대 반토막이 날 때까지 소중한 자산을 팽개치지 않는다. 용감하고 부지런한 이들만이 손절을 할 수 있으며, 그런 사람만이 투자자로서의 자격이 있다.

폭락장의 공포에서
나를 지키는 법

주가가 하염없이 떨어질 때 멘탈을 지키는 법은 공황장애 치료법과 매우 유사하다. 주식투자란 사실 끊임없는 변수와 충격으로부터 나를 보호하고 평정심을 유지하는 과정으로 심리 치료가 무척 효과적이다.

먼저, 패닉의 원인을 제거해야 한다. 불안이 어느 정도 잠잠해질 때까지 주식 창을 아예 보지 않는다. 트라우마와 패닉으로부터 뇌가 회복하는 데 걸리는 시간은 보통 2주다. 14일 정도의 시간이 흐르면 노르에피네프린으로 뜨거워진 편도체를 세로토닌과 전두엽이 어느 정도 달래고 안정시킬 수 있다. 무너진 신경전달물질의 균형도 어느 정도 회복된다. 추가적인 충격이 재발되지만 않는다면, 우리 뇌는 보통 2주 정도면 재부팅이 끝난다. 따라서 1주일 정도는 휴가를 다녀오고, 그 다음 1주일 동안은 정신없이 일에만 집중해보자.

둘째, 최대한 많은 사람에게 불안에 대해 이야기한다. 폭락장이 이어질 때 가장 좋은 것은 최소 3개월 정도는 주식 창을 보지 않는 것이지만, 아마 대부분 이를 지키기 힘들 것이다. 며칠만 참는 와중에도 무수한 초조함에 시달린다. 이러한 불안을 최대한 밖으로 표현하는 것이 좋다. 불안과 두려움은 내면의 무의식 속에서 출발해 의식화된 상태로 외부에 공유된다. 이때 중요한 점은 불안을 감정적으로 해석하는 게 아니라 객관적으로 인지하는 것이다. 불안을 꽁꽁 싸매고 있으면 그 불안은 증폭되고 왜곡된다. 이를 객관적으로 바라보는 시각이 필요한데, 이미 초조하진 나는 그럴 수가 없다. 따라서 제3자의 피드백이 필요한 것이다. 물론 위로나 공감적인 지지를 해주는 게 가장 좋겠지만 꼭 다른 사람으로부터 "괜찮다" "다시 주가가 회복될 거야"라는 긍정적인 말을 듣지 못해도 괜찮다. 주관적인 불안을 객관화시키는 과정을 반복함으로써 불안의 강도가 점진적으로 줄어들기 때문이다.

셋째, 주위를 환기시키고 집중을 분산시킨다. 주식 외에 집중할 수 있는 것을 찾아 뇌의 관심사를 돌려야 한다. 이럴 땐 고차원적인 사고 과정이 필요한 취미가 아닌, 일차원적이고 본능적인 욕구를 충족시켜주는 취미가 좋다. 맛집을 찾아다닌다거나 먹방 유튜브를 본다거나, 별 생각 없이 시간을 흘려보낼 수 있는 만화책 보기, 게임하기, 액션영화 보기 등이 있다.

넷째, 인지 치료와 마인드 셋을 해보자. 공황장애가 재발하듯이 주식공포증, 주식우울증도 재발할 수 있다. 아무리 정보를 차단해도 누군가 회사에서, 단톡방에서 무신경하게 주식 이야기를 꺼내는 바람에 당신의 가슴은 불안으로 요동칠 것이다. 이럴 때 필요한 것이 불안을 분리하는(Isolation) 습관이다. 의식적으로 인지 과정을 교정해보는 것이다.

김 과장이 "요새 주식 완전 파랗던데? 이 대리는 주식 안 해?"라고 물었을 때 이렇게 대응해보자.

A: 자극 인식 → 나쁜 기억을 떠올린다 → 불안, 패닉 재발
B: 자극 인식 → "안 해요. 과장님, 혹시 야구나 골프 같은 취미는 없으세요?"
C: 자극 인식 → "과장님, 잠깐 화장실 좀 다녀오겠습니다."

A가 아닌 B나 C를 선택함으로써 불안과 정면승부하지 않고 이를 피해버리는 것이다. 물론 이것이 불안을 극복하는 완전한 해결책이 될 수는 없다. 그저 불안한 감정, 주식과 관련된 주제를 상자에 넣어 가두는 것일 뿐이다. 하지만 이러한 사고과정이 루틴이 된다면 당신은 불안과 마주할 타이밍과 장소를 스스로 선택할 수 있다. 불안함으로부터 잠식당하는 것이 아니라, 작은 상자에 봉인해둔 불안을 내가

준비가 되었을 때 집에서 편안한 마음으로 열어서 볼 수 있는 것이다. 이 차이는 실로 크다. 마음의 여유가 있을 때 불안과 마주하면 우리는 문제를 왜곡해서 인지하지 않는다.

다섯째, 돈보다 중요한 것을 추가로 잃지 말자! 폭락장에서 매일 번지 점프하는 주가를 보면서 멘탈이 붕괴되었을 때 당신은 주식으로 잃은 돈이 눈에 밟혀 회사 일과 연인, 가족을 소홀히 대할 것이다. 자녀, 연인, 상사의 말을 경청하지 않을 것이며 종일 멍하니 딴 생각에 빠질 수도 있다. 그렇게 점점 나쁜 부모, 무관심한 연인, 근태가 불성실한 직원이 된다. 인사고과에서 나쁜 점수를 받을 것이며, 연인과 헤어지거나 부부관계가 위태로워질 수도 있다. 그러다 보면 그 박탈감을 다시 주식투자로 보상받으려 할 것이다. 이는 더 큰 실패로 이어진다. 따라서 주가가 폭락할 땐 일상과 본업, 회사와 가족에게 평소보다 두 배 이상 집중하고 노력하는 것이 좋다. 그 과정에서 당신의 대인관계와 직업적 기능은 회복될 것이며 주식투자로 잃은 돈을 만회할 만한 좋은 일이 생기기도 한다.

확증 편견과 자기 과신으로부터 벗어나기

확증 편견이란 자신의 선입관을 뒷받침하는 근거만 수용하고, 자기주장에 유리한 정보만 선택적으로 받아들이는 것이다. 아전인수격으로 고집을 부리며 자기가 보고 싶은 것만 보고, 믿고 싶은 것만 믿는 현상인데 정보의 객관성과는 아무 상관이 없다.

확증 편견이 생기는 이유는 기본적으로 '내 생각은 항상 옳다'는 데에서 출발한다. 사람들은 스스로에게 무척 너그럽고, 자신이 꽤나 이성적이고 합리적인 판단을 하고 있다고 착각한다. 투자를 하는 인간이라면 더욱 그렇다. 잃을 가능성이 크다고 생각하면서 주식투자를 하는 사람은 아무도 없다.

하지만 이러한 사고방식이야말로 객관적 이성과는 가장 동떨어진 생각인데, 이것은 우리의 무의식적인 직관에서 기인한 것이다. 심리학자이자 행동 경제학자인 대니얼 카너먼은 《생각에 관한 생각》에서 인간의 생각을 두 가지 시스템으로 분류했다.

- 직관 = 빠르게 생각하기(Fast Think)
- 이성 = 느리게 생각하기(Slow Thinking)

여기서 가장 주목할 것은 직관은 'Think'이고 이성은 'Thinking'이라는 점이다. 얼마나 빠르면 진행형조차 아니겠는가. 생각할 틈도 없이 바로 튀어나오는 대답, 과거에 이미 고민을 끝내고 뿌리내린 확신에 의해 무조건 반사처럼 뇌를 거치지 않고 나오는 것이 '직관'이다. 즉, 나의 직관이란 나를 설명하는 일종의 행동 양태이며 뇌의 표현형(phenotype)이라고 볼 수 있다. 마치 성격처럼 현재 시점에서 고정되고 정해진 답을 의미한다.

확증 편견이란 이러한 직관에 과도하게 의지하는 습관, 즉 직관 편향 때문에 생긴다. 불충분한 몇 사람의 의견이나 증거만 가지고도 내 생각에 확신을 가진다.

K7을 3년째 타고 기아타이거즈를 10년 넘게 응원하는 김 과장이 주식투자를 할 때 '기아차가 오를 것 같아. 나랑 궁합이 좋아'라고 아무

근거 없이 생각하는 것이 바로 직관 편향이다. 회사 동료, 전문가들이 분기실적과 영업이익률, 자동차 업황 등을 들먹이며 말려도 절대 듣지 않는다. 100명이 뜯어말려도 한두 명만 "기아차 나도 샀어. 그거 괜찮을 거 같아"라고 말하면 확신을 갖는다. 듣고 싶은 말만 선택해서 듣는 것이다. 이렇게 불충분한 근거를 너무 쉽게 믿어버리고 행동의 근거로 삼는 것이 확증 편견의 오류다.

애초에 이런 사람들은 타인의 의견을 고려하는 것이 아니라 자신의 고집을 뒷받침할 근거를 찾는 것뿐이다. 어차피 자기 생각대로, 하고 싶은 대로 한다. 감정, 행동에 대한 검증이나 합리적인 의심을 건너뛰고 자신의 무의식적인 사고에 맞춰 사건과 현상을 해석한다.

확증 편견과 직관 편향은 지나친 자기 과신으로 인해 생기는데 이러한 오류에 빠지지 않으려면 이성의 힘을 키워야만 한다. 이 방법이 느리게 생각하기(Slow Thinking)다. 직관의 저돌성을 멈추고 객관적인 사고를 가능하게 하는 능력, 즉 이성을 불러오는 것이다.

인간은 기본적으로 자신의 주장에 대한 신뢰도와 타당성을 무의식적으로 과장하며, 쉽게 결론을 내리려는 성향이 있다. 이는 투자를 시작하는 초보자는 물론, 대학교수와 통계학자조차 마찬가지다. 이성이 충분히 개입할 만큼의 시간을 기다리는 능력, 즉 인내심이 부족하기 때문이다. 때로는 욕망과 초조함, 불안감들이 원래 강인했던 이성의 힘을 마비시키기도 한다. 대부분의 경우 이성의 힘은 본능과 직관에 쉽게 진다. 빠른 것은 쉽고 강렬하며, 느린 것은 어렵고 지루하다. 게으른 인간의 뇌는 직관이 주는 쾌감과 도파민을 긍정적으로 기억하고, 이성이 야기하는 지루한 갈등을 복잡하고 불필요하게 여기곤 한다.

느리게 생각하기란 내 직관에 의심을 품는 작업이다. 마치 재판에서 검사와 변호사의 주장을 듣고 누구의 의견이 맞는지 판단하는 판사의 역할이라고 보면 된다. 재판이 보통 어떠한가? 수많은 증인들을 신청하고, 증거를 수집하며, 피고와 원고 변론, 검사와 변호사 측의 하염없는 언쟁이 이어진다. 또한 재심, 항소심, 대법원 판결까지 있다.

이처럼 이성은 재판처럼 고려할 것이 많고 느리게 흘러간다. 생각해야 하는 변수가 많기에 행동의 실행을 기약 없이 억제한다. 따라서 직관론자들은 지나치게 이성적인 투자자들을 보고 "실행력이 부족하다" "생각만 하다가는 평생 어떤 주식도 못 산다"고 비난한다. 하지만 이것은 큰 착각이다.

느리게 생각하기란 실제로 아주 오랜 시간 동안, 일주일 혹은 한 달을 고민하고 나서 행동에 옮기라는 정량적 개념이 아니다. 문제를 해결하기 위한 고민과 노력의 과정을 반복적으로 학습하라는 의미다. 직관은 과거의 사고 과정, 이성이 축적되어 만들어진 생각의 현재 수준과 상태를 말한다. 즉, '내 사고 능력의 현재가'라고 보면 된다. 당신의 직관을 투자에 적합한 상태로 발전시키기 위해선 평소 일상에서도 수많은 '느리게 생각하기' 훈련이 선행되어야만 한다.

예를 들어 횡단보도 신호를 기다리는데 갑자기 차도에 아이가 뛰어들었다고 가정해보자. 당신이라면 어떻게 하겠는가? 직관에 의지하는 이들은 본능적으로 몸을 던져서 아이를 감싸거나, 제자리에서 눈을 감고 몸을 움츠릴 것이다. 즉, 양자택일뿐이다. 하지만 평소 느리게 생각하는 훈련이 잘 된 사람이라면 다양한 선택지를 고를 수 있다.

- 아이가 감싸고 앞으로 구를 것인가? 아니면 아이를 붙잡아서 뒤로 당길 것인가?
- 차는 지금 얼마나 가까이 와 있는가?
- 달려오는 차는 어떤 종류인가? 소형인가 대형인가?
- 달려오는 차의 속도는 어느 정도인가? 급정거를 할 수 있는 수준인가?
- 아이를 구하느라 발생할 수 있는 나의 신체적 손상에 대해서 감당할 수 있는가? 후회하지 않을 것인가?

합리적 추론을 반복하는 습관은 이성을 확장시킨다. 물론 이런 생각을 예습했다고 해서 아이가 차도에 뛰어든 상황이 벌어졌을 때 초인적인 힘을 발휘할 수 있는 것은 아니다. 하지만 대부분의 사람이 두려움, 놀람에 압도당해 뇌 기능이 정지할 상황에서 이성적 훈련이 습관화된 사람이라면 조금은 더 합리적이고 계획적으로 행동할 수 있다.

그들은 남들이 놀라서 아무것도 하지 못하는 동안, 앞쪽에서 어떤 차가 얼마나 가까이 왔는지를 살피려 할 것이다. 이것만 해도 실로 엄청난 차이다. 아직 아이를 구할 수 있는 시간이 남았다고 판단될 경우 그 다음 단계로 나아갈 수 있다. 아이를 붙잡아서 뒤로 끌고 올지, 내 힘으로 가능할지, 누군가에게 도움을 요청할지 고민할 것이다.

"에이, 그 짧은 시간에 그게 가능해요?"라고 반문할 수 있다. 머릿속으로 한 번도 이런 상상을 해보지 않은 사람이라면 절대 불가능하겠지만, 이런 가정을 진지하게 고민했던 사람이라면 가능하다. 훈련된 이성은 뉴런의 시냅스를 활성시키기 때문에 똑같은 일을 다시 수행할 경우 신경전달 속도와 효율성이 높아지고 근육의 반응 속도도 훨씬 빨라진다. 완벽하지는 않지만 마치 어떤 조건이 생기면 발동되는 패시브 스킬처럼 절차 기억(Procedural Memory)을 설정해두는 것이다.

의자를 여러 번 조립해본 사람은 처음 만드는 이보다 훨씬 빠르고 능숙하게 만들 수 있다. 심지어 직접 해보지 않고 유튜브로 만드는 영상을 보기만 했어도 수행 능력이 훨씬 좋아진다. 처음 미역국을 만들려고 할 때 아주 간단한 레시피나 조언만 있어도 본래 실력보다는 맛있는 미역국을 만들 수 있듯이 말이다. 즉, 실제 성공 여부는 모르지만 적어도 아이를 구할 수 있는 가능성이 비약적으로 높아진다. 이것이 느리게 생각하기의 힘이다. 일상에서도 이를 얼마든지 응용할 수 있으며 사실 가장 빛을 발하는 순간이 바로 투자할 때다. <u>매수 타이밍을 결정할 때, 손절과 물타기의 양자택일을 강요당할 때, 폭락장에서 대응방식을 고민할 때 느리게 생각하기의 효과가 여실히 드러난다.</u>

이런 경우들은 극히 짧은 시간만이 주어지는, 직관의 영역이다. 따라서 평소에 미리 이성의 힘을 갈고닦으면서 직관의 힘, 투자 인지 능력을 최대한 키워두어야 한다.

정보를 취사선택하는 능력, 자제력, 귀납적 추론 능력과 통합적 사고, 결과론에 빠지지 않는 능력 등이 투자 인지 능력을 결정하는 요소들이다.

주식은 매수 당일에 고민할 게 아니라, 매수하기 며칠 전에 고민을 해야 한다. 월요일에 사고 싶은 주식이 있다면 최소한 이틀 전인 토요일과 일요일에 미리 고민을 끝내두자. 투자가 아닌 일상이나 대인관계에서도 행동습관과 태도를 투자에 적합한 패턴으로 훈련하는 작업이 필요하다. 거짓말과 허세가 특기인 친구는 빨리 손절하자. 신중하게 고민하되 주저해서는 안 된다. 사람은 고쳐 쓰는 것이 아니듯 개잡주에 장기 투자한다고 우량주가 되지 않는다.

이러한 삶의 자세들이 결정적인 투자의 순간, 직관의 힘을 높여준다. 일상이 투자가 되고 투자가 일상이 되는, 호모 인베스투스로 거듭나는 것이다.

주식 중독을 치료하는 다섯 단계

도박을 다룬 영화나 만화에서 자주 언급되는 대사가 있다. "도박을 끊을 수 있는 방법은 두 가지뿐이야. 타짜가 되거나 재벌이 되거나." 타짜가 되면 도박이 아니라 직업이 되고, 재벌이 되면 심심풀이가 되기에 여기에 과도하게 빠져서 불행해질 일이 없다는 뜻이다. 이 말을 주식에 적용하면 어떨까?

고수가 되거나 재벌이 될 수 있을까? 초보인 우리들에겐 둘 다 어렵고 요원한 일이다. 그렇다면 우리는 치료를 받아야만 한다. 중독 치료의 기본 원리는 내성과 금단 증상을 치료하는 것이다.

내성이란 동일한 물질 혹은 행위 자극으로 얻을 수 있는 쾌감이 점점 줄어들어서 더 크고 강렬한 자극을 원하게 되는 것을 말한다. 처음엔 소주 한 잔만 먹어도 알딸딸하던 것이 반 병, 한 병으로 늘어나 이제는 소주 두 병을 먹어도 예전만큼 취하거나 흥분되지 않는 것처럼 말이다.

알코올 중독을 치료할 때 정신과에서는 오피오이드 차단제라고 하는 항갈망제를 써서 인위적으로 술에 대한 생각을 차단하기도 하는데, 도박 중독이나 주식 중독을 치료할 때도 이 약물을 사용한다. 하지만 기본적으로 무언가를 억지로 못 하게 하는 것에는 한계가 있다. 특히 약물로 인한 중독의 차단은 우리 뇌가 간절히 갈구하는 것을 일시적으로 마취시켜놓는 것에 불과한 것이기에, 효과의 유통기한이 있을 수밖에 없다. 어린아이에게 게임을 하지 못하도록 혼낸다거나 인터넷을 끊어버린다고 해도 아이는 결국 어떻게 해서든지 몰래 할 방법을 찾고야 만다.

이것은 금단 증상 때문인데, 술, 담배, 게임, 도박, 주식 등 어떤 물질이나 행위에 중독되었다가 그것을 갑자기 끊었을 때 우리 몸에서는 그 물질이나 행위가 주는 쾌감과 도파민을 기대하며 부작용이 나타난다. 초조해지며 불안해서 다른 일에 집중할 수 없고, 관성이 생긴 뇌는 다른 작업으로 전환하지 못하고 오직 주식과 도박 등 중독 행위만을 상상하고 기대한다. 손이 떨리고 심장이 두근거리거나 식은땀이 나는 등의 자율신경계 관련 증상이 생기고, 금단 증상이 지속될 경우 불면증이나 우울증, 공황장애까지 겪을 수 있다. 그렇다면 실질적으로 이런 내성과 금단 증상을 치료하기 위해서는 어떻게 해야 할까?

1단계 : 주식을 대체할 수 있는 다른 취미나 중독을 찾아보자

　중독을 치료하기 위해서는 우선 그 자극으로부터 철저히 멀어져야 하는데, 그 갈망을 해결할 수 있는 대체재를 찾아야 한다. 주식투자가 우리에게 주는 쾌감은 결국 일을 하지 않고도 많은 돈을 벌 수 있다는 기대감과 짧은 시간에 급격하게 나오는 도파민이다.

　주식에서 게임이나 쇼핑, 운동처럼 덜 위험한 것으로 옮겨가보자. 종목을 바꿈으로써 비슷한 쾌감을 얻게 만드는 방법으로, 뇌를 속이는 작업이다. 문제는 이러한 대안들이 주식처럼 빠르고 강한 쾌감을 지속적으로 줄 수 없다는 데 있다. 섹스나 도박이 그나마 주식에 비견될 만한 도파민을 분출시키는데, 이것에 탐닉하다보면 주식보다 더 불행한 결과를 초래하기도 한다. 따라서 이를 위한 합의점으로 비교적 위험하지 않은 여러 개의 중독 행위를 한꺼번에 시도해보는 것이 좋다. 떡볶이 같은 자극적인 야식을 먹거나 게임, 만화, 인터넷 쇼핑을 해보자. 운동에 깊이 빠져보는 것도 좋다. 물론 각각의 중독에는 시간적, 경제적, 체력적 한계가 있을 것이다. 또한 음식 중독과 운동 중독처럼 서로의 상관관계가 모순되는 경우도 있어 갈등을 빚기도 한다. 따라서 주식 중독을 대체할 수 있는 다른 중독을 모두 시도해본 뒤에도 주식 생각을 떨칠 수 없다면 다음 단계로 넘어가야 한다.

2단계 : 전치, 간접 경험으로 중독을 참아보자

도박 중독 클리닉의 정식 치료 과정 중에 환자의 갈망감과 치료 단계를 확인하고자 도박 영화를 보여줄 때가 있다. 〈타짜〉나 〈라운더스〉 같은 영화를 감상한 뒤, "다시 도박을 하고 싶은 욕구가 생기진 않았느냐?" "충동의 강도가 예전과 얼마나 달라졌느냐?" 등을 묻는다. 참으로 신기한 것은 아직 치료 초기 상태의 이들은 주인공과 자신을 동일시하면서 다시 자극과 흥분을 느끼지만 치료의 중기에 접어든 사람들은 이 영화를 객관적으로 인식한다는 점이다. 즉, 타짜를 보면서도 조승우의 멋있음, 화끈함에 주목하는 것이 아니라 "저놈 봐라? 도박하니 저렇게 쫓겨 다니고 칼도 맞고 결국 집도 없이 떠돌아다니네'라는 생각을 한다.

중독에 빠진 자신의 모습을 제3자의 입장으로 객관적으로 볼 수 있는 경험이 축적되면 인지적 오류나 왜곡을 교정할 수 있다. 주식이나 도박을 다루는 영화, 드라마, 만화를 통한 간접 경험으로 주식을 하고 싶은 마음, 충동을 다스려보자. 중요한 것은 이 방법은 초기에는 역효과가 나기 때문에 1단계를 충분히 진행하고 나서 시도하는 것이 좋다.

3단계 : 솔직하게 100% 오픈해보자

1단계가 회피, 2단계가 점진적 노출이나 탈감작의 단계라고 한다면, 3단계는 나와 솔직히 마주하는 시간, 직면의 과정이다. 주식으로 손실을 본 사람들의 거의 대부분은 자신의 실수와 손실액에 대해서

숨기거나 최소한으로 줄여서 말하는 버릇이 있다. 수치심과 자책감으로부터 자신을 보호하려는 본능, 방어기전이 발동되기 때문이다. 문제는 이러한 습관이 현실과 동떨어지게 만들고 스스로를 속인다는 데 있다. 중독의 가장 큰 적은 자기합리화다. 따라서 현재 얼마나 손실을 봤는지, 대출은 얼마나 있는지 등에 대해서 친구, 가족 혹은 상담사에게 100% 솔직하게 털어놓아야 한다. 물론 부끄러운 자신과 마주하는 것은 쉽지 않으며 많은 용기가 필요하다. 사람은 아무리 솔직하고자 해도 정말 부끄러운 한두 가지는 숨기고픈 욕구가 있다. 하지만 이 단계를 넘어서야 한다. 직면은 처음 한 번이 가장 어렵지 그 뒤부터는 훨씬 수월하다. 자신의 문제점을 털어놓을 수 있다는 것은 자존감이 어느 정도 회복되었다는 증거다. 거울 앞에서 부끄러운 과거와 솔직히 마주해야지만 비로소 타인의 의견과 조언이 들리기 시작하기 때문이다.

4단계 : '다시는 주식 안 해!'가 아니라 '오늘 하루만 어떻게든 참아보자!'

장기 계획이 아니라 단기 계획을 세워야 한다. 다시 주식하면 내가 사람이 아니다, 손목을 걸겠다는 허황된 다짐이 아니라, 이 악물고 오늘 하루만 버텨보는 것이다. 사람의 인내심은 그리 지속적이지 않다. 하물며 중독 상태에서는 절제와 인내력을 유지하기가 몇십 배로 어렵다. 1년 혹은 6개월간 주식을 끊겠다는 장기 목표를 세우면 우리의 뇌는 시작부터 지치고 초조해진다. '과연 성공할 수 있을까? 내가?' 하는 의구심이 인내심을 흔들어대기 때문이다. 따라서 초단기 목표로 하루

하루 버티는 것을 반복해야 한다. 작은 목표지만 이를 성공했다는 성취감과 만족감이 내일을 또 버티게 해준다. 오늘은 어제보다 쉽고, 내일은 훨씬 더 수월하게 참을 수 있다. 이것이 바로 습관과 루틴의 마법이며 중독을 치료하는 동력이다.

5단계 : 1~4단계를 반복한다. 될 때까지 계속

수많은 좌절과 시행착오를 거칠 것이다. 그러나 포기하지 않아야 한다. 실패하더라도 다시 1단계로 돌아가 반복하는 것이 중요하다. 100번을 실패했다고 해서 자책할 필요는 없다. 중독 치료는 100번 실패해도 마지막 한 번, 그 한 번만 성공하면 이기는 것이다.

자가진단 테스트, 주식 중독인지 알아보자!

1. 주식투자를 하느라 직장에서 근무 태도에 대한 지적을 받은 적 있다. ☐
2. 주식을 함으로써 가족과 다툰 적이 있다. ☐
3. 주식투자를 하면서 변명이나 거짓말을 하는 경우가 늘었다. ☐
4. 손실금액의 본전을 빨리 찾기 위해 강박적으로 집착한다. ☐
5. 주식투자 목적으로 가까운 친구나 가족에게 돈을 빌린 적이 있다. ☐
6. 선물옵션이나 두 배 이상의 레버리지 상품에 투자하고 있다. ☐
7. 꼭 필요한 돈(학비나 생활비, 대출상환금 등)을 주식에 투자하고 있다. ☐
8. 단타매매를 주로 하고 변동성이 큰 고위험 종목을 골라 투자한다. ☐
9. 급등주 검색 프로그램을 쓰고 있으며 상한가 종목 따라잡기를 해본 적이 있다. ☐
10. 주식을 위해 신용이나 미수거래 등 돈을 빌린 적이 있다. ☐
11. 주식투자를 시작한 후 불면증이나 불안증세가 생겼다. ☐
12. 업무시간에도 반복적으로 주식 창을 확인한다. ☐
13. 주식 프로그램을 지우고 하루 만에 다시 깐다. 이를 수차례 반복한다. ☐
14. 월요일 장이 어떻게 될지 불안해 주말에도 마음이 편치 않다. ☐

3개 이하 : 보통, 정상 수준

4~7개 : 고위험군 수준

8~10개 : 주식 중독에 해당

11개 이상 : 아주 심각한 주식 중독(상담 요함)

14개 중 해당되는 항목이 3개 이하라면 큰 걱정을 하지 않아도 되지만, 8개가 넘는다면 중독에 해당하는 수준이다. 현재 본인의 투자 습관에 심각한 문제가 있는 것이니 반드시 주변 지인 혹은 재무 전문가와 상담해보는 것이 좋다.

만약 11개 이상이라면 '심각한 주식 중독'에 해당되는 상태다. 따라서 심리상담사나 가까운 정신과로 찾아가 꼭 상담하기 바란다.

도박 중독이나 인터넷 중독과 쇼핑 중독처럼 주식 중독 역시 일종의 행위 중독으로 이해할 수 있다. 주식 창을 보지 않는 동안 금단 증상이 생기고 불안한지, 원금을 회수하겠다는 강박적인 집착이 있는지 등에 따라 중독의 여부를 판가름할 수 있다.

신기한 건 주식 중독 상태에 빠진 이들은 계속 손실을 보면서도 똑같은 방식을 고수한다는 점이다. 마치 카지노에서 매번 돈을 잃으면서도 강원랜드, 마카오를 계속 다니는 사람처럼 말이다. 분명히 돈을 잃을 확률이 더 큰데도 카지노를 향하는 이들의 발걸음은 마치 소풍이라도 가는 것처럼 가볍다. 결과가 아닌 행위 그 자체에 중독되었기 때문이다. 도박할 때의 그 강렬한 쾌감과 도파민은 주식 중독자들의 뇌에서도 공통적으로 관찰된다.

자가진단 테스트를 해본 뒤, 만약 당신이 고위험군 이상에 해당된다면 최근 당신의 대인관계와 사회적 기능에 문제가 없는지 점검해야 한다. 주식투자를 한 뒤로 친구나 가족들과 멀어지고 싸우게 되었는지, 회사에서 지각·결근을 한다거나 업무에 전혀 집중을 못하고 있는지…. 이는 당장 치료가 필요한지 판단하는 중요한 근거가 된다.

개원 후 주식 중독 클리닉을 운영한 지 2년 동안 정말 많은 직장인, 주부, 사업가 등이 상담을 받았다. 부모님 돈 3,000만 원을 잃은 취준생부터 7억 원의 손실을 본 건물주도 있었다. 이들에게 처음 하는 처방은 간단하다.

- 당장 주식 어플과 프로그램을 삭제한다.
- 주식 뉴스를 보지 말고 주식에 투자하는 지인을 멀리하라.
- 앞의 두 가지를 잘 지킨다는 결심이 섰을 때 다시 병원에 와야 한다.

이 처방을 설명하면 대부분 다 비슷한 반응을 보인다. 허탈한 웃음이나 한숨을 쉬면서 "아이구 선생님, 제가 잃은 돈이 얼만데!" "그러고 싶죠. 몇 번이나 해봤는데 잘 안 되더라고요" "그게 쉬우면 제가 병원에 왔겠습니까?"라며 화를 내는 사람도 있다.

이들은 이미 중독에 빠진 상태로 대부분 번아웃과 우울증을 함께 겪고 있다. 현재 자신의 멘탈이 불안정하다는 걸 알면서도 반복적으로 투자에 집착하는 인지부조화를 보이기도 했다. 또한 행동 조절이 전혀 안 되고 패닉에 빠진다는 점에서 공황장애와 비슷하다.

중독의 소용돌이 가운데 있는 사람들은 위험을 감지하지 못한다. 마치 태풍의 눈처럼 고요하고 심각성을 모른다. 곧 들이닥칠 엄청난 폭풍과 고통을 아주 먼 일처럼 여긴다. 위험을 감지하는 편도체와 이성을 관리하는 전전두엽의 기능이 만성적인 도파민에 젖어 마비된 상태이기 때문이다. 이런 상태에서는 정상적인 판단과 계산, 인지기능과 통제력을 기대할 수 없다. 이럴 때는 본인의 판단이 아니라 타인의 조언에 귀를 기울여야 한다. 모든 치료의 시작은 진단과 수용이다. 중독에 빠진 뇌가 제 기능을 수행할 수 없음을 솔직하게 인정하는 것이야말로 중독으로부터 벗어나는 첫걸음이란 것을 잊지 말자.

● 나가며

투자에 실패했을 때
더 망한 사람의 이야기를 들어보자

먼저 이 책이 나오게 된 계기를 만들어주신 신사임당 주언규 대표님과 임경은 에디터 님에게 깊은 감사를 드린다. 그리고 가족 같은 두 친구 노홍식 원장과 판교에 사는 형섭이 형에게 감사의 마음을 전하고 싶다. 마지막으로 나의 모든 투자 생활을 함께하고 이끌어주는 여자친구 지은이에게 깊은 존경을 표한다.

사실 이 책에 주식투자를 잘하는 방법에 대한 구체적인 내용은 없다. 이미 나보다 훨씬 고수인 분들이 그런 책들을 무수히 많이 썼기 때문이다. 특히 염승환 부장님(염블리)의 책은 나 역시 잘 읽었다. 따라서 주식투자를 잘하는 방법을 알고 싶은 독자들은 이미 나와 있는 책들을 읽거나 유튜브 채널 삼프로TV를 구독하면 충분하다. 굳이 잘 알지도 못하는 내가 중언부언을 할 필요가 없다.

나 역시 아직 초보다. 종목 고르는 법, 차트 보는 법 등 여전히 많은 공부가 필요하다. 그럼에도 이 책을 쓴 데에는 이유가 있다. 어디까지나 초보자의 눈높이에 맞는 내용을 쓰고 싶었다. 성공한 고수나 전문가의 투자비법을 알려주는 게 아니라 같은 고통을 경험했던 주린이 동료로서 견디고 나아가는 법을 나누고자 책을 쓰게 되었다. 실패하지 않는 법을 가르쳐주는 게 아니라 실패의 불안과 우울감을 인내하고, 나약한 자신을 마주보는 법을 이야기하고 싶었다.

만약 당신이 주식으로 3,000만 원을 날렸다면 당신에게 가장 위로가 되는 것은 무엇일까? 친구의 위로? 격려? 아니다. 당신보다 더 많이 잃은 친구를 만나는 것이다. 1억 원을 날린 친구를 보며 '나보다 더한 놈이 있구나. 나만 망한 게 아니구나'라고 생각하며 서로의 실패를 공유해보자. 이것이 바로 진정 당신에게 힘이 되는 공감이다. 이 책을 읽은 당신은 나라는 '바보 친구'가 하나 생긴 셈이다. 그리고 그 바보 친구가 어떻게 금융 문맹에서 조금씩 벗어나려 애쓰고 노력하는지를 보면서 공감했다면, 당신은 이미 그 여정에 함께 올라섰다고 할 수 있다.

투자에도 레벨이 있다. 최고치가 99라고 한다면, 나는 여전히 레벨 10 정도에 불과하다. 하지만 그럼에도 주식을 하는 이유는 분명하다. 투자형 인간으로 사는 것이 훨씬 재미있고, 내가 발전하고 있다는 생동감을 느끼기 때문이다.

투자는 우리의 삶이다. 일상이 투자고 투자가 일상이 되어야 한다. 돈이 인생의 전부여야만 한다는 말이 아니다. 때로는 주식이 아닌 가족, 직장, 건강에 투자하는 게 더 중요하다. 성장하고 건강해진 몸과 멘탈이 당신을 더 훌륭한 투자자로 인도해줄 것이다. 모든 문제의 답은 이미 당신 내면에 있다. 당신의 가장 훌륭한 스승이자 멘토, 치료자는 바로 당신 자신이다. 과거의 실패와 트라우마, 무의식, 열등감 등으로부터 충분히 배우고 깨달음을 얻을 수 있을 것이다. 이 책이 당신 자신을 솔직히 마주하고 수용하는 데 작은 계기, 안내서의 역할이라도 했다면 더 바랄 게 없겠다.

우리는 개미가 아니라 여행자다. 투자의 고행 길을 함께 걷는 순례자다. 기나긴 여정에서 의식과 무의식을 넘나들며 이 책의 한 구절을 떠올리며 작은 용기를 얻을 수 있다면 좋겠다. 호모 인베스투스가 된 당신의 모든 삶을 응원한다.

살려주식시오

초판 1쇄 발행 2021년 5월 20일 **초판 4쇄 발행** 2025년 3월 1일

지은이 박종석
펴낸이 최순영

출판2 본부장 박태근
경제경영 팀장 류혜정
책임편집 임경은

펴낸곳 ㈜위즈덤하우스 **출판등록** 2000년 5월 23일 제13-1071호
주소 서울특별시 마포구 양화로 19 합정오피스빌딩 17층
전화 02) 2179-5600 **홈페이지** www.wisdomhouse.co.kr

ⓒ 박종석, 2021

ISBN 979-11-91583-77-9 03320

* 이 책의 전부 또는 일부 내용을 재사용하려면 반드시 사전에 저작권자와
 ㈜위즈덤하우스의 동의를 받아야 합니다.
* 인쇄·제작 및 유통상의 파본 도서는 구입하신 서점에서 바꿔드립니다.
* 책값은 뒤표지에 있습니다.